KiWi

1920

## Das Buch

Ungleiche Bezahlung, toxische Hustle Culture und sexistische Boomer-Chefs: Unter den Ungerechtigkeiten der Arbeitswelt leiden vor allem diejenigen, die weiblich sozialisiert wurden. Denn diese Sozialisierung hinterlässt Spuren und nagt an der mentalen Gesundheit. Viele Frauen fühlen sich wie unfähige Hochstaplerinnen, die Popkultur präsentiert ihnen problematische Vorbilder und Girlboss-Parolen in den sozialen Medien fördern Einzelkämpferinnentum. Kurz: Das Patriarchat ist längst nicht überwunden und strukturelle Ungleichbehandlung an der Tagesordnung.

In »Not Your Business, Babe!« erklärt Verena Bogner, wie man sich in der kaltherzigen Welt des Kapitalismus zurechtfindet. Sie berichtet von ihren eigenen Erfahrungen, spricht mit Expert*innen über Red Flags bei der Jobsuche und analysiert, wie Netflixserien und Popsongs unser Bild von arbeitenden Frauen prägen. Außerdem beantwortet sie die Fragen, die sie sich selbst immer gestellt hat: Wie können Frauen in einem fehlerhaften System solidarisch zusammenarbeiten? Welche Playlist sollte ich auf dem Weg zur Gehaltsverhandlung hören? Und wie lasse ich mich von dem Wahnsinn der Arbeitswelt nicht verändern, sondern bleibe ich selbst?

## Die Autorin

Verena Bogner ist Journalistin und lebt in Wien. Über Popkultur, Feminismus und die Arbeitswelt schreibt sie unter anderem für den *Standard*, die *Glamour*, die Zeitschrift *Business Punk* und bei *FM4*. Bevor sie den Schritt in die Selbstständigkeit wagte, arbeitete sie für *VICE Austria* und *Broadly*. Außerdem ist sie Teil von *@galerie.arschgeweih*, dem größten deutschsprachigen Meme-Account mit Fokus auf deutscher Popkultur der 2000er.

Verena Bogner

# NOT YOUR BUSINESS, BABE!

Alles, was du als Frau über die Arbeitswelt wissen musst

Kiepenheuer & Witsch

Der Verlag Kiepenheuer & Witsch hat sich zu einer nachhaltigen Buchproduktion verpflichtet. Gemeinsam mit unseren Partnern und Lieferanten setzen wir uns für eine klimaneutrale Buchproduktion ein, die den Erwerb von Klimazertifikaten zur Kompensation des $CO_2$-Ausstoßes einschließt. Weitere Informationen finden Sie unter www.klimaneutralerverlag.de

FSC www.fsc.org
MIX
Paper | Supporting responsible forestry
FSC® C014496

1. Auflage 2023


*Covergestaltung* FAVORITBUERO, München
Gesetzt aus der Bely, Cooper Black und Verdana
*Satz* Wilhelm Vornehm, München
*Druck und Bindung* GGP Media GmbH, Pößneck

ISBN 978-3-462-00502-8

# Inhalt

# SPRACHE, BLICKWINKEL UND ANSPRUCH DIESES BUCHES

In diesem Buch spreche ich als weiße, privilegierte Cis-Frau über die Arbeitswelt – das ist mir bewusst und sollte auch den Leser*innen bewusst sein. Wenn ich von Arbeit berichte, dann insbesondere über klassische Lohnarbeit und über meine Erfahrungen in der Medienbranche. Ich bin überzeugt, dass die strukturellen Probleme, die in diesem Buch thematisiert werden, branchenübergreifend bestehen, und dass das, was ich erlebt habe, Teil einer kollektiven weiblichen Realität ist.

Ich bin ein klassischer verhätschelter Snowflake-Corporate-Millennial, wie aus einem Meme entsprungen. So viel Selbstreflexion muss sein. Das heißt aber nicht, dass ich eine allumfassende Sichtweise beanspruche.

Wenn ich über »Frauen« schreibe, dann meine ich übrigens nicht nur Cis-Frauen, also solche, die mit weiblichem Geschlecht geboren sind und sich damit identifizieren, sondern FLINTA, also Frauen, Lesben, intergeschlechtliche, nicht-binäre, trans und agender Personen, die von der Gesellschaft weiblich gelesen und somit im Patriarchat diskriminiert werden.

Dass Feminismus intersektional sein und somit Diskriminierungskategorien wie Rassismus, Ableismus und Klassismus berücksichtigen muss, und nicht nur für weiße Frauen da ist, soll an dieser Stelle auch gesagt werden. In diesem Buch wird der Begriff »Schwarz« großgeschrieben, da dadurch klar wird, dass es sich nicht um ein Wort handelt, das eine Farbe beschreibt, sondern um ein gesellschaftliches und soziales Konstrukt.

# PROLOG

»You better work, bitch«: Dieses Statement von Britney Spears könnte die Arbeitseinstellung, mit der meine Karriere in der Medienbranche begann, nicht besser auf den Punkt bringen. Ich wurde 1992 geboren – und bin somit Teil der Generation Y, die all jene umfasst, die zwischen 1981 und 1996 auf die Welt kamen. Mit Anfang zwanzig absolvierte ich gerade mein erstes grottenschlecht bezahltes Praktikum, in dem ich Unterlagen sortierte und die Bürohunde Gassi führte. Dass irgendetwas an den Arbeitsbedingungen nicht stimmte und ich damit meine Zeit nach allen Regeln der Kunst verschwendete, kam mir nicht in den Sinn. Im Gegenteil: Ich war zu dieser Zeit sogar dankbar für diese großartige Chance – denn wie alle, die schon einmal in ihrem Leben ein Praktikum absolviert haben, wissen, legt prekäre Arbeit den Grundstein für einen Lebenslauf, der jede*n zukünftige*n Chef*in umhauen wird.

Aber nicht nur ich hing in der Zwischenwelt

aus Studium, schlecht bezahlten Praktika und ausbeuterischen Jobs fest: Eine Freundin arbeitete neben dem Studium in einer Werbeagentur – und das mehr als hart. Sie schob regelmäßig Überstunden und betreute eigene Kund*innen, die ihr allesamt vertrauten. Sie erzählte mir den Tränen nahe davon, wie sie ihren Boss um eine längst überfällige Gehaltserhöhung gebeten hatte. Zum dritten Mal. Schon bei ihren ersten beiden Versuchen hatte er Gründe vorgeschoben, warum er sie nicht besser bezahlen könne: Er habe kein Budget für die Abteilung bekommen, und sowieso verdiene sie schon mehr als andere in ähnlicher Position. Dass Letzteres nicht stimmte, wusste sie natürlich. Jetzt, beim dritten Mal, antwortete er ihr, dass er selbst doch auch schon so lange keine Gehaltserhöhung mehr bekommen habe. Der Arme.

Der Gehaltserhöhung meiner Freundin stimmte er nach langem Hin und Her trotzdem zu: Sie könne gerne mehr Geld haben, dafür sollte sie aber im Gegenzug auch am Wochenende für Arbeitsaufträge zur Verfügung stehen.

Alles ganz normal, oder?

Dieses kleine »Oder?« hatte vor einigen Jahren noch keinen Platz in meinem Kopf. Ähnlich wie meine Freundin fügte ich mich den gängigen Abläufen und Erwartungen, die die Welt der Lohnarbeit an mich stellte – und ich hatte Erfolg damit. Im darauffolgenden Jahr ergatterte ich meinen ersten fixen Job, noch dazu bei einem absolut trendigen und angesagten Onlinemagazin, das für seine kontroversen und edgy Berichte bekannt war. Jackpot! Meine Texte wurden geklickt, ich fühlte mich selbstbewusst und hatte das Gefühl, nichts könne mich stoppen.

Lasst mich direkt zu Beginn mal brutal ehrlich sein: Zu dieser Zeit spielte Feminismus in meinem Leben überhaupt keine Rolle. Für mich lief es gut, ich hatte keinen Grund, mich mit etwas anderem als mir selbst, meinem Privatleben und meinem Job zu beschäftigen. Ich sah schlichtweg keinen Anlass, um über meinen eigenen Tellerrand zu blicken, weil ich das große Ganze, das System, in dem wir uns als Frauen bewegen, damals noch nicht verstand. Zusammenhalt unter Frauen kannte ich bloß in Form von »Sex and the City«-esken Frauenfreundschaften, strukturelle Nachteile von Frauen in der Berufswelt – wie zum Beispiel der Gender Pay Gap – waren weit von meiner Lebensrealität entfernt. Dachte ich zumindest. Eine Zeit lang lebte ich selig und selbstgefällig mit dieser Attitude, las Girlboss-Bücher, hörte empowernde Songs von Beyoncé und Britney Spears. Meistens erklärten sie mir darin, dass Frauen die Welt beherrschten (als ob) und wir alle makellose Wesen seien, die insgeheim einfach nur ihre eigene Macht ownen müssen, um Unglaubliches zu erreichen. Doch diese Art von Empowerment hatte Folgen: Meine Ansprüche an mich selbst stiegen, denn immerhin war ich eine unabhängige, junge Powerfrau, der alle Türen offenstanden, wenn ich nur wollte und ehrgeizig genug war! Zumindest gaben die Welt, mein Job und die Popkultur alles, um mir genau das zu vermitteln.

Die Schelle, die mir die Realität irgendwann verpasste, war umso härter. Sie traf mich, als ich realisierte, dass die Ungerechtigkeiten, die ich sah, erlebte und von Freund*innen erzählt bekam, keine Einzelfälle waren. Sie hatten System: Irgendwie fand ich es schon immer komisch, Kollegen (hier gendere ich bewusst nicht) zu beobachten, von denen ich wusste, dass sie dasselbe wie ich verdienten, dabei jedoch nur einen Bruchteil meiner Arbeit leisteten. Und warum erntete ich komische Blicke, wenn ich pünktlich Feierabend machte und nach Hause ging, obwohl ich all meine Aufgaben erledigt hatte? Warum wurde die Person, die als Erste das Büro verließ, insgeheim als »arbeitsfaul« geframed? Wieso wehrten Chefs sich so vehement gegen Forderungen nach Gehaltserhöhungen von meinen Kolleginnen (auch hier gendere ich nicht!)? Und warum machten die meisten meiner Freund*innen ähnliche Erfahrungen wie ich, obwohl wir in unterschiedlichen Unternehmen und Branchen arbeiteten?

Bitte weitergehen, hier gibt es nichts zu sehen! Und schnell zurück an die Arbeit, denn wer hart arbeitet, kann schließlich alles schaffen!

Bis mir auffiel, dass hier irgendwas mindestens so faul war wie die Versprechen des Tinder-Schwindlers, vergingen einige Jahre. Erst nach und nach begann ich, mich für Feminismus abseits von hohlen Bossbabe-Statements und oberflächlichem Empowerment für privilegierte weiße Frauen zu interessieren, kaufte erste Bücher und eignete mir Wissen an, das ich zuvor ganz offensichtlich nicht hatte. Ich schäme mich nicht dafür, zu Beginn meines Arbeitslebens geglaubt zu haben, dass wir als Einzelkämpferinnen in der kapitalistischen Welt der Lohnarbeit bestehen müssen, um mindestens so erfolgreich zu sein wie unsere männlichen Kollegen. Keine von uns wird schließlich als Feminist Icon geboren.

Theoretisches Wissen über die Zustände im Patriarchat war für mich zwar augenöffnend, aber das alleine reichte noch nicht, um zu erkennen, wie Männer sich ganz offensichtlich gegenseitig die Karriereleiter hochpushten, sexistische Witze rissen und uns in Meetings unterbrachen, ohne es überhaupt zu merken. Was mir auf meinem Weg viel eher geholfen hat, diese Mechanismen zu verstehen und sie das eine oder andere Mal auch zu bekämpfen, waren in erster Linie Verbündete. Die Frauen in meinem Umfeld, die mir regelmäßig einen Reality Check verpasst haben und mir auch heute noch jeden Tag zeigen, dass es etwas noch viel Besseres und vor allem Wichtigeres gibt als das persönliche Streben nach einer von Kapitalismus und Patriarchat bestimmten Definition von Erfolg und das Pleasen von entscheidungstragenden Männern. Nämlich gegenseitiges Empowerment, Zusammenhalt und Fürsorge für sich selbst und andere.

Die Verbündeten, von denen ich spreche, arbeiten hart, sei es in Führungspositionen, als Selbstständige, in klassischen 9-to-5-Jobs, als Mütter in Karenz. Sie beweisen Rückgrat und geben dabei einen Scheiß auf irgendwelche Schubladen, trendige Hashtags oder das eigene Ego – auch wenn vor allem Letzteres nicht immer einfach ist, wie ich aus eigener Erfahrung weiß. Von ihnen habe ich gelernt, was Zusammenhalt und Hilfsbereitschaft bedeuten, und dass man im Job auch seine Ziele erreichen, in einer patriarchalen Arbeitswelt bestehen und Kohle verdienen kann, ohne ein egoistisches, unsolidarisches und rückgratloses Arschloch zu sein, das seine*n Kolleg*innen die Türen, die man geöffnet hat, vor der Nase zuschlägt. Diesen Frauen, die zum Beispiel Veronika, Sinah, Theresa oder Karina heißen, widme ich dieses Buch.

Und genau so eine Verbündete wäre ich gern für andere Frauen. Denn hätte mir jemand, bevor ich als junge Frau ins eiskalte Wasser der kapitalistischen Welt geworfen wurde, all diese Dinge gesagt und erklärt, wäre das ziemlich hilfreich gewesen.

»Work Bitch« und alle anderen Songs aus diesem Buch gibt's hier als Playlist:

# IT'S NOT YOU, IT'S THE PATRIARCHY!

»Es liegt nicht an dir, Baby«: Ich sage es nur ungern, aber insgeheim wissen wir alle, dass dieser Satz meistens Bullshit ist. Immer dann, wenn wir diese Worte von unserem aktuellen Love Interest in die DMs geballert bekommen, ist diese Floskel zumindest teilweise gelogen – aber immerhin lieb gemeint. In Sachen Patriarchat (also unserer von Männern dominierten Gesellschaft), Lohnarbeit und Feminismus würde ich mir wünschen, diesen Satz hingegen häufiger zu hören. Denn eins ist sicher: Für viele der Probleme, denen wir täglich begegnen, tragen wir keine Schuld. Um das zu verstehen, bedarf es unangenehmer, wachrüttelnder Erlebnisse, vielleicht Erzählungen aus dem Erfahrungsschatz anderer (immerhin ist man gegenüber anderen immer ein wenig verständnisvoller als gegenüber sich selbst) oder der Bereitschaft, sich mit der Welt um uns herum auseinanderzusetzen. Und dazu haben wir uns heute hier feierlich versammelt.

Als ich frisch in der Welt der Lohnarbeit gelandet war, war ich von dieser Erkenntnis in etwa so weit entfernt wie Donald Trump von dem, was wir gemeinhin als *Frisur* bezeichnen. Ich verstand mich damals weniger als Teil einer Gruppe, sondern sah mich gerne als Individuum. Ich brauchte niemanden außer mich selbst, um erfolgreich zu sein. Zwar struggelte ich manchmal mit Extra-Tasks, von denen meine männlichen Kollegen aus mysteriösen Gründen verschont blieben, kam jedoch nie auf die Idee, diese Erlebnisse auf mein Frausein zu schieben. Wer jammert, macht schließlich Umstände, nervt – und wird auch nicht befördert. Zumindest dachte ich das.

So wurde ich zum perfekten Businessbabe, ohne es zu merken. Ich passte mich an die Normen an, von denen ich merkte, dass sie von mir erwartet wurden. Ich nickte brav, wenn man mir Arbeit fürs Wochenende aufdrückte – und machte meine Arbeit zum Zentrum meiner Persönlichkeit und meines Lebens. Ich ignorierte strukturelle Ungleichheiten mehr oder weniger unbewusst, stellte mein Leben als Frau und den Einfluss, den es auf meinen Job hatte, hintenan, und wollte ganz einfach erfolgreich sein. Dass die Art von Erfolg, nach der ich strebte, von Männern definiert und von männlichen Verhaltensweisen geprägt ist, war eines der vielen Dinge, die ich gerne früher gecheckt hätte.

Eine erst mal banale Erkenntnis, die für mich im Laufe der Jahre jedoch vieles verändert hat: Die Ungerechtigkeiten, die wir als Frauen erleben, haben System. Sie dienen dem Erhalt des Status quo, sichern patriarchale Macht und zementieren vorherrschende gesellschaftliche Strukturen. Noch mehr:

Unser System könnte ohne diese Ungerechtigkeiten nicht bestehen.

Ein Beispiel aus der Sphäre der Care-Arbeit? Fürsorge, Kindererziehung und Hausarbeit sind notwendig, um unser System am Laufen zu halten. Diese Dinge verrichten vor allem Frauen. Sie sind für die Menschen in ihrem Umfeld da, pflegen beispielsweise alternde Angehörige und: Sie bekommen Kinder. Vor allem Letzteres ist für die Erhaltung des Systems besonders spannend, denn diese Kinder werden, wenn sie alt genug sind, wiederum ins Arbeitsleben einsteigen, bis sie vielleicht selbst Kinder bekommen ... und so weiter und so fort.

Care-Arbeit ist also ganz klar ein Beitrag zum System, den vor allem Menschen mit Uterus und weiblich sozialisierte Personen leisten und der als selbstverständlich hingenommen wird. Diese Selbstverständlichkeit zeigt sich auch darin, dass Care-Arbeit oft geringgeschätzt – und noch wichtiger – nicht bezahlt wird. Übrigens: Würde Care-Arbeit plötzlich entlohnt, dann würde unser wirtschaftliches System innerhalb kürzester Zeit ins Stocken geraten.

## Das Märchen von der Einzelkämpferin

Das System, in dem wir leben, ist ein in jeglicher Hinsicht zu Tode individualisiertes. Es vermittelt uns nur allzu gerne, dass wir selbst unseres Glückes Schmied*in sind, während das Kollektiv immer mehr in den Hintergrund rückt. Die plakativsten Beispiele in this economy: Wenn DU morgen beim Kochen deiner Discounter-Nudeln den Topf auf den

Deckel setzt und so Strom sparst, löst du die Energiekrise 2022 im Alleingang. Wenn DU ab morgen dein Auto in der Garage stehen lässt, wendest du die Klimakatastrophe noch in letzter Sekunde ab. Wenn DU als Frau es an die Spitze deiner Abteilung schaffst oder eine Gehaltserhöhung bekommst, tust du mit deiner bloßen Anwesenheit Großes für den Feminismus.

Die Gesellschaft setzt beim Individuum an, um ein Problem zu lösen, das häufig auf viel höherer Ebene angegangen werden muss, und nimmt so strukturelle Probleme oftmals nicht als das wahr, was sie sind. Stattdessen wird Einzelpersonen die Schuld für Probleme gegeben, die eigentlich durch tief verankerte Denkweisen entstehen. Das ist ein ziemlich perfider Trick, denn so baden wir nicht nur die Konsequenzen struktureller Ungleichheiten aus, sondern uns wird auch indirekt eingeredet, dass wir sie aus der Welt schaffen können, wenn wir uns nur korrekt verhalten oder genug anstrengen. Dieses Mindset ist genauso stark in unserer modernen Arbeitskultur verankert wie im Mainstream-Feminismus der 2010er-Jahre. Dieser Feminismus vermittelt unter anderem die Vorstellung, dass es uns zu Hardcore-Feminist*innen macht, wenn wir als Einzelkämpfer*innen versuchen, Mechanismen wie den Gender Pay Gap auszuhebeln, also die Lücke zwischen den Löhnen von Männern und Frauen zu schließen. Aktuellen Berechnungen zufolge liegt der Gender Pay Gap in Deutschland bei 18 Prozent[1] und klafft damit weiter auseinander als die Beine von manspreadenden Mackern in der U-Bahn. Die Logik hinter diesem Ego-Feminismus: Wenn ich es schaffe, genauso viel zu verdienen wie mein Kollege – wie schlimm kann das Problem dann schon sein?

Schwierig ist, dass die Vertreter*innen dieser Logik es sich viel zu einfach machen, denn die Gründe, die die Wissenschaft für den Gender Pay Gap herausgearbeitet hat, sind vielfältig. Während in Österreich im Jahr 2018 47,5 Prozent der erwerbstätigen Frauen in Teilzeit arbeiteten, traf dies auf elf Prozent der Männer zu. Bei Frauen waren Betreuungspflichten der häufigste Grund (37 Prozent) für eine Teilzeitanstellung, während nur fünf Prozent der Männer aufgrund von Care-Arbeit weniger arbeiteten. Letztere entschieden sich eher wegen zusätzlicher Aus- und Weiterbildungsmaßnahmen für eine Teilzeitbeschäftigung (rund 25 Prozent); eine Begründung, die nur auf acht Prozent der weiblichen Befragten zutraf.[2] Grundsätzlich verbringen Frauen mehr Wochenstunden mit unbezahlter Arbeit als Männer. Das liegt nicht an ihrem fehlenden Ehrgeiz im Beruf, sondern daran, dass immer noch mehr Frauen Betreuungspflichten nachgehen als Männer. In Deutschland arbeiten nur 28 Prozent der Frauen mit einem Kind unter sechs Jahren in Vollzeit – unter den Männern sind es ganze 92 Prozent.[3] Das zeigt deutlich, wie viel häufiger Frauen auch heute noch familiäre Betreuungspflichten wahrnehmen und dafür den Job zurückstellen. Eine Studie der Universitäten Princeton und Zürich zeigt außerdem, wie stark sich die Geburt eines Kindes auf den Gender Pay Gap auswirkt: Noch zehn Jahre nach der Geburt des ersten Kindes kann das Einkommen einer Frau in Österreich bis zu 51 Prozent unter dem liegen, was sie vor der Geburt verdient hat. Auf Männer trifft dies nicht zu.[4]

Ein weiterer möglicher Grund für den Gender Pay Gap ist außerdem die Tatsache, dass manche Jobs gesellschaftlich angesehener sind und somit besser bezahlt werden als andere. Frauen arbeiten eher in jenen Berufen, die schlechter bezahlt werden, wie zum Beispiel in Care-Berufen oder im Bildungssystem. Aber was bedeutet »angesehen« in diesem Zusammenhang? Der »Comparable Worth«-Index untersucht, inwiefern eine geschlechtsspezifische Bewertung eines Jobs die Bezahlung einer Berufsgruppe beeinflusst. Also: Inwieweit wirkt es sich beispielsweise auf die Bezahlung von Grundschullehrer*innen aus, dass wir als Gesellschaft den Job »Grundschullehrer*in« als weiblich konnotieren? Der Index kommt unter anderem zu dem Schluss, dass der Job einer Grundschullehrerin und der eines Elektrotechnikingenieurs ungefähr gleichwertig sind, was Anforderungen, Belastungen und Verantwortung angeht. Dennoch verdient Letzterer etwa zwölf Euro mehr pro Stunde.[5]

Zwischen Juli 2011 und 2022 fehlten in Deutschland vor allem in »typischen Männer- und Frauenberufen« Fachkräfte, so zum Beispiel in der Pflege oder unter Handwerkern. In den Top 10 der Berufe mit besonders großem Personalmangel befinden sich ausschließlich solche, die klischeehaft entweder von Frauen oder Männern ausgeübt werden. Laut dem Informationsdienst des Instituts der Deutschen Wirtschaft sollten Unternehmen und die Politik daher mehr tun, um Geschlechterklischees aufzubrechen.[6] In sogenannten Männerjobs haben es Frauen besonders schwer, wie eine Studie nahelegt. Schon bei der Vergabe von Ausbildungsplätzen werden Bewerberinnen diskriminiert: Mithilfe eines Experiments konnten Forschende feststellen, dass Bewerberinnen, die sich in Betrieben für typisch männlich konnotierte Jobs wie Mechatroniker als Azubis bewarben, schlechtere Karten hatten als männliche Bewerber mit gleichen Qualifikationen. Umgekehrt hatten Männer, die sich für »Frauenjobs« bewarben, gute Karten.[7] Die »Feminisierung« bestimmter Jobs zeigt, dass Frauen nicht einfach nur mehr in männerdominierten Branchen arbeiten müssen, um mehr berufliche Erfolge zu feiern oder mehr zu verdienen. Im Gegenteil: Arbeiten vermehrt Frauen in typischen Männerberufen, sinken die durchschnittlichen Löhne in diesen Jobs. Ab einem Frauenanteil von 60 Prozent kommt es zu Einbußen.[8] Einer der Gründe: Frauen bringen ihre ohnehin schon niedrigeren Löhne quasi mit. Die Löhne der Männer in den jeweiligen Jobs sinken jedoch nicht – lediglich die der Frauen bleiben niedrig. Umgekehrt gibt es auch den Effekt, dass Jobs besser bezahlt werden, wenn mehr Männer eine Branche fluten, die zuvor eher Frauen vorbehalten war.

Trotz dieser erdrückenden Faktenlage gibt es Menschen da draußen, die sich an der neoliberalen Idee festklammern, dass wir als Individuen selbst für die Bekämpfung unserer »angeblich« systemischen Nachteile verantwortlich und all das nichts als faule Ausreden seien. Ob FDP-Politiker*innen wie Maren Jasper-Winter, Autor*innen wie Mirna Funk oder privilegierte US-Manager*innen wie Sheryl Sandberg, die ihren persönlichen Aufstieg als ultimativen Beweis dafür sehen, dass alles möglich ist; sie alle sind auf ihre eigene Art der Meinung: Wir wehleidigen Feminist*innen sollen aufhören, uns zu beschweren, und stattdessen die Probleme, die uns so stören, einfach im Namen der Selbstbestimmung in Angriff nehmen. Denn nur durch den Beitrag jedes und jeder Einzelnen könne sich das System je ändern, so die Annahme. Kurz gesagt: Ungleiche Bezahlung? Kein Grund zur Frustration und Resignation. Werde einfach selbst zur Geschäftsführerin und erhöhe die Löhne! Wie dumm, dass wir da noch nicht selbst drauf gekommen sind. Problem solved! Aber wie soll ich es zur Abteilungsleiterin schaffen, wenn ich beispielsweise unter strukturell verankerter Diskriminierung in Form des Promotion Gap leide, der festhält, dass Männer häufiger befördert werden als Frauen? Oder wenn immer bloß meine Kollegen die wichtigen Fortbildungen genehmigt bekommen?

Dass die Mär von der Einzelkämpferin zu kurz greift und systematische Zusammenhänge ausklammert, sieht auch Marita Haas, die seit Jahren im Bereich Gender Consulting mit Schwerpunkt auf Organisationsentwicklung tätig ist, in ihrer täglichen Arbeit: »Die Frauen, die ich befragt habe, haben immer darüber geredet, wie es ihnen als Individuen geht. Dass sie Beschränkungen erlebt haben, die durch die Rahmenbedingungen der Organisationen entstanden sind, und diese auch noch genderspezifisch sind – das war ihnen nicht bewusst.« Haas hat sich in ihrer Arbeit oft mit der Frage beschäftigt, wie unser Arbeitsumfeld so gewachsen ist, wie wir es kennen: männlich, streng hierarchisch, oft veränderungsresistent. Hier finde man laut der Beraterin immer noch Auswüchse von Organisationen wie dem Militär oder der Polizei vor, wo es genau festgelegte »Befehlsketten« oder »Informationsketten« gibt.

Ein weiterer Faktor, der die Strukturen und Hierarchien, die wir alle kennen, stark prägt: die Tatsache, dass viele Unternehmen eben immer wieder ähnliche Arbeitskräfte rekrutieren und fortbilden. Es erhalten also vor allem die Menschen mehr Möglichkeiten und Perspektiven, die dem Bild der vorhandenen Belegschaft entsprechen. Das kann laut der Theorie der »reziproken Zuneigung« zum Beispiel daran liegen, dass man Menschen dann eher als sympathisch einschätzt, wenn sie einem selbst ähneln, weil man eher weiß, wie man mit ihnen umgehen muss. Also: Ein weißer Cis-Mann kann am ehesten mit einem anderen weißen Cis-Mann relaten. Somit stellen Unternehmen häufig immer wieder die gleichen Personen ein – und verfestigen dadurch im System verankerte Probleme, da Frauen oder People of Color möglicherweise keine Chance bekommen aufzusteigen.

Gehen Unternehmen oder Betriebe das Thema beispielsweise in Bezug auf einen höheren Frauenanteil an, werde laut Haas meist bei der individuellen Frau angesetzt: »In der Praxis habe ich beobachtet, dass wir oft Dinge machen, die das Individuum betreffen: Frauennetzwerke, Frauenförderprogramme, Frauen-Mentoring. Es wird weniger die Frage gestellt, wie der Rahmen aussieht, den wir setzen: Gibt es überhaupt gleichberechtigte Chancen für unterschiedliche Geschlechter?«

## Wir sind doch nicht alle gleich (selbstbewusst)

Der fehlende Fokus auf gleichberechtigte Chancen schlägt sich auch in den unterschiedlichen Erwartungen nieder, die in der Jobwelt an Männer und Frauen gestellt werden. Und diese Erwartungen kommen nicht von ungefähr. Von uns Frauen wird im Job häufig verlangt, dass wir warm, fürsorglich, lieb und sozial sind, anderen gerne ein offenes Ohr leihen oder gleich die ganze Schulter zum Anlehnen; die Rolle der Arbeitsplatz-Mami, Work Wifey oder Work Bestie übernehmen. Achtet doch mal darauf, wie häufig von Frauen im Büro erwartet wird, dass wir Office-Geburtstage organisieren oder vor dem Meeting den Kaffee holen.

Übrigens sehen nicht nur Männer diese Verhaltensweisen als selbstverständlich an, sondern auch wir Frauen belasten uns oftmals untereinander mit solchen Erwartungen. Denkt darüber mal nach: Während die Männer ihr Business machen, weil es eben immer schon so war, beschäftigen wir uns damit, warum Karoline aus der Buchhaltung heute am Kaffeeautomaten so abweisend war und sich nicht wie sonst unsere Probleme anhören wollte. Oder mit der Frage, ob man die nette Kollegin mit dem völlig gerechtfertigten und sachlichen Hinweis auf einen kleinen Fehler denn nicht vor den Kopf gestoßen hat. Natürlich gibt es auch männlich sozialisierte Menschen, die im Job nicht nur einen auf dicke Hose machen, sondern die sich empathisch um ihre Kolleg*innen sorgen und Aufgaben im Büroalltag übernehmen. Aber es wird eben nicht automatisch von ihnen erwartet.

Wie die Expertin Andie Kramer im Wirtschaftsmagazin *Forbes* schrieb, bringt diese Erwartungshaltung Frauen wieder mal in die Bredouille: Unsere Chef*innen erwarten nämlich von uns, dass wir trotz unseres großen Herzens effizient bleiben und abliefern.[9] Kümmern wir uns um die Bedürfnisse unserer Kolleg*innen (oder falls wir in einer höheren Position arbeiten: Mitarbeiter*innen), kommen vielleicht die

Erwartungen unserer Vorgesetzten zu kurz. Und kümmern wir uns vorrangig um ebendiese Erwartungen, nehmen unsere Kolleg*innen uns möglicherweise als kaltherzig wahr. Und noch eine Sache lässt sich schon länger beobachten: Um in Branchen, die sehr stark von geschlechterabhängigen und traditionellen Rollenerwartungen geprägt sind, die Karriereleiter zu erklimmen, tun manche von uns Frauen was? Sie passen sich den Männern an, denn die sitzen schließlich am längeren Hebel. Like, wer's kennt.

Gefangen zwischen dem Klischee der fürsorglichen Nestbereiterin und dem Anspruch, nach den Spielregeln der Männer zu funktionieren, um erfolgreich zu sein: Für Frauen, die mit den widersprüchlichen Erwartungen kämpfen, die im Job an sie gestellt werden, gibt es nach der Meinung vieler ein Allheilmittel: Uns wird oftmals geraten – ob von Kolleg*innen, Freund*innen oder anderen vertrauten Personen –, dass wir doch selbstbewusster sein, unsere Zweifel hinter uns lassen und einfach »wir selbst« sein sollen. An diesem Ratschlag ist erst mal nichts falsch, denn ein gesundes Selbstbewusstsein ist wichtig – gerade für Frauen. Denn tendenziell unterschätzen Frauen ihre Leistung im Job, während Männer eher dazu neigen, sich und ihre Fähigkeiten zu überschätzen. Eine Studie des Bonner Instituts zur Zukunft der Arbeit ergab sogar, dass diese männliche Selbstüberschätzung der Hauptgrund (!) dafür sei, wenn Frauen Führungspositionen oder andere berufliche Meilensteine verwehrt bleiben.[10]

Die Annahme, dass Selbstbewusstsein die Lösung all unserer Probleme sei, egal ob im Job, im Umgang mit unseren Körpern oder in Beziehungen, ist ein Trugschluss. Er lenkt die Schuld für die systemischen Probleme dieser Welt wieder mal auf uns und unsere Unzulänglichkeiten. So verschiebt sich der Fokus weg vom System und hin zur weiblichen Introspektion. Das Ganze nennt sich »Confidence Culture«, wie die beiden Soziologinnen Shani Orgad und Rosalind Gill in ihrem gleichnamigen Buch festhalten.

Wer von euch hat die Serie »Euphoria« gesehen? (Falls ihr sie nicht gesehen habt, solltet ihr sie schleunigst auf eure Watchlist packen.) In der Hype-Show gibt es eine Figur namens Kat – eine mehrgewichtige junge Frau, die von der unsicheren Teenagerin zum absoluten Vamp wird, die Liebe zu ihrem eigenen Körper entdeckt und schließlich anonym im Netz als Domina arbeitet. Ihr neu entdecktes Lebensgefühl hält jedoch gerade mal eine Staffel lang an, denn in der zweiten ist von ihrem Selbstbewusstsein nicht mehr viel übrig. In einer Szene tauchen rund um Kat plötzlich imaginäre Influencer*innen auf, die sie dafür beschimpfen, dass sie ihr Selbstbewusstsein wieder verloren hat – und bringen damit das Problem unserer Confidence Culture, die übrigens auch stark mit unserer Liebe für Selfcare und Selbstoptimierung zusammenhängt, auf den Punkt. Kat hätte doch einfach nur selbstbewusst genug sein müssen, um dem Fatshaming und dem immer noch problematischen Körperbild, das uns tagtäglich umgibt, standhalten zu können, oder? Liebe deinen Körper und zerschlage die gängigen Beauty-Standards, dann wird alles gut. Steh dir nicht schon wieder selbst im Weg!

Natürlich geht es den Forschenden, die den Begriff Confidence Culture ins Leben gerufen haben, nicht darum, uns zu verklickern, dass Selbstbewusstsein etwas Schlechtes ist. Es ist gut und wichtig, selbstbewusst zu sein. Sich zu erhoffen, dass die richtige Portion Confidence Probleme wie unsere Body Issues oder sexistische Benachteiligung im Job löst, ist jedoch gelinde gesagt delusional. Und gefährlich. Denn was bleibt, ist wie so oft der bittere Beigeschmack, dass das eigentliche Problem bei uns selbst liegt. Ganz ehrlich: Als hätten wir nicht alle schon genug Schuldgefühle, die uns plagen, und Erwartungen von außen, denen wir entsprechen müssen.

Der Grat zwischen toxischer Confidence Culture und Empowerment ist denkbar schmal. Wie sollen wir einerseits empowert, uns unserer Macht bewusst und stark sein, und uns andererseits damit abfinden, dass unser Selbstbewusstsein nicht der Weisheit letzter Schluss ist? Es ist wichtig, hier zu unterscheiden: zwischen Handlungsfähigkeit und einer aktiven, gestalterischen Rolle, die wir in unserem eigenen Leben einnehmen wollen, und dem unrealistischen Anspruch, dass wir Probleme, die wir dem Patriarchat und seinem kleinen Bruder, dem Kapitalismus, verdanken, in uns selbst zu lösen versuchen. Empowert zu sein bedeutet nicht, perfekt zu sein. Empowert zu sein bedeutet vielleicht sogar, manchmal nicht selbstbewusst zu sein, sondern zu verstehen, dass unser Körperbild (wenn wir bei diesem Beispiel bleiben wollen) nicht unsere Schuld ist.

Auch in Bezug auf unsere Jobs wird uns Frauen oftmals gepredigt, dass wir eigentlich doch nur an unserem fehlenden Selbstbewusstsein scheitern würden – ihr kennt das bestimmt. Einer meiner Lieblingsbullshitsätze: »Verlange doch einfach das, was dir zusteht!« Aber was, wenn mir mein Leben lang eingetrichtert wurde, dass mir in Wahrheit nichts zusteht – oder zumindest nicht so viel wie meinem männlichen Gegenüber? Kein Selbstbewusstsein der Welt könnte solche, von klein auf internalisierten Botschaften ausgleichen. Vielmehr wollen uns Menschen insgeheim vermitteln: »Dein Minderwertigkeitskomplex aus der Kindheit und dein daraus resultierendes, nicht vorhandenes Selbstbewusstsein sind der wahre Grund für dein mickriges Gehalt – nicht dein Arbeitgeber, der Männer und Frauen ungleich bezahlt!« Unser Selbstbewusstsein ist nicht der Grund für systemische Ungleichheiten – sondern ein verinnerlichtes Symptom dieser Ungerechtigkeiten.

Die Autorinnen des Buches »Confidence Culture« nennen in einem Blogeintrag ein Beispiel, das das Problem an der Sache auf den Punkt bringt.[11] So ging im Jahr 2022 ein Tweet viral, in dem eine Recruiterin davon berichtet, dass eine Frau gerade ein Jobangebot angenommen habe, das um 45 000 Dollar niedriger als das war, was das Unternehmen ihr eigentlich hätte zahlen können. Garniert war die Anekdote mit dem Hashtag #beconfident. Und ich dachte nur: Was zur Hölle hat diese Verarsche mit Selbstbewusstsein zu tun? Vielmehr sehen wir doch hier die ungerechte Bezahlung von Frauen als Ergebnis einer falschen Bescheidenheit, die ihnen ihr ganzes Leben lang schon in ihre Hirnwindungen gezimmert wurde, und Unternehmen, die diesen Umstand schamlos ausnutzen.

## Sind wir in Wahrheit alle Hochstapler*innen?

In meiner beruflichen Laufbahn hatte ich schon oft das Gefühl, dass ich eigentlich keine Ahnung habe, was ich tue. Wie kommen meine Vorgesetzten eigentlich auf die Idee, dass ich gut in meinem Job und geeignet für diese Stelle bin? Wer entscheidet, ob und in welchem Maß ich meinen Erfolg verdient habe? Ich war mir sicher: Irgendwann werden sie merken, dass ich mich nur bis hierhin geschummelt habe, wahrscheinlich hatte ich bisher einfach Glück.

Wer von euch diese Gedanken kennt, kennt bestimmt auch den Begriff »Impostor Syndrom«. Das Impostor Syndrom beschreibt den Umstand, dass vor allem leistungsorientierte Menschen denken, sie seien Hochstapler*innen, die in Wahrheit gar nichts draufhätten und ihre Erfolge nicht verdienten. Dieses Denkmuster, das 1978 erstmals wissenschaftlich in einer Studie erwähnt wurde, die sich auf Frauen fokussierte, ist mittlerweile dem Mainstream bekannt – und auch zahlreiche Promis wie zum Beispiel Emma Watson haben darüber gesprochen, dass sie unter diesen Gedanken leiden. Eine Frage am Rande: Wenn die gottverdammte Emma Watson an Selbstzweifeln leidet, wie soll *ich* dann jemals von mir selbst überzeugt sein?

Viel interessanter ist allerdings die Frage, was uns als Heilmittel für unser »Syndrom« verkauft wird. Ihr habt es erraten: Selbstbewusstsein! Eine Umfrage ergab, dass 75 Prozent der befragten Frauen in Führungspositionen schon einmal mit solchen Gedanken zu kämpfen hatten.[12] Die Hälfte der Frauen gab an, ihre Denkmuster stammten daher, dass sie niemals erwartet hätten, so erfolgreich zu sein, wie sie es sich erhofft haben. Über 80 Prozent der befragten Frauen waren überzeugt davon, dass sie selbst viel strenger mit sich selbst und etwaigen Fehlern umgehen, als ihre männlichen Kollegen es tun. Der unterschiedliche Umgang der Geschlechter mit Fehlern oder Scheitern ist auch wissenschaftlich erwiesen.[13] Während Frauen beispielsweise eine nicht bestandene Prüfung auf ihre fehlende Fähigkeit als Ganzes schieben, denken Männer eher, dass sie diesmal eben zu wenig gelernt hätten. Sie stellen nicht direkt ihre Qualifikation infrage. 74 Prozent der zum Impostor Syndrom befragten Frauen glaubten außerdem, dass ihre männlichen Kollegen nicht so sehr von diesen Selbstzweifeln geplagt seien. Kein Wunder: (Vor allem weiße) Männer sehen im Gegensatz zu Frauen, People of Color oder anderen diskriminierten Gruppen rund um sich Vorbilder, die genauso aussehen wie sie, und erfahren im Job mehr und einfacher Bestätigung als Frauen, die gegen verschiedenste strukturelle Barrieren kämpfen müssen.

Noch mehr trifft das auf Women of Color oder auch Mitglieder der LGBTQI+-Community zu: Aufgrund von rassistischen oder queerfeindlichen Strukturen bekommen sie möglicherweise immer wieder implizit vermittelt, dass sie am Arbeitsplatz »nicht dazugehören« oder lieber still und dankbar sein sollen. Das führt dazu, dass sie ihre Qualifikationen noch stärker hinterfragen. In einem Essay für *Harvard Business Review* schreiben die Autorinnen Ruchika Tulshyan und Jodi-Ann Burey: »In Wahrheit fühlen wir uns, als würden wir nicht dazugehören, weil es nie so gedacht war, dass wir dazugehören sollten.«[14]

Die Soziologin und »Confidence Culture«-Autorin Shani Orgad findet außerdem, dass viel zu wenig dort hingesehen wird, wo unser Hochstapler*innen-Gefühl eigentlich wurzelt:[15] »Männlich dominierte Arbeitskultur kann dazu führen, dass sich Frauen wie Betrügerinnen fühlen. Anstatt zu bedenken, was Arbeitgeber*innen tun können, um Frauen zu supporten, werden Frauen bestärkt, diesen angeblichen inneren psychologischen ›Defekt‹ auf individueller Ebene zu bekämpfen.« So werden unsere Selbstzweifel »pathologisiert«, also als individuell und krankhaft geframed. Dabei werden wir nicht erst in der Jobwelt zu den Hochstapler*innen, die wir glauben zu sein: Unsere Sozialisation und Stereotype wie die Annahmen, dass Jungs laut und bestimmend sein dürfen (oder sollen), während Mädchen zurückhaltend und nett, aber bitte bloß nicht *zu* emotional sein müssen, prägen unser Selbstbild und die dazugehörigen Zweifel maßgeblich.

Und wisst ihr, was auch eine Rolle spielt? Zeigt man sich als Frau selbstbewusst und hat keine Scheu davor, den Penisvergleich im Büro zu crashen, kann auch das Nachteile haben. Plötzlich sind wir *zu* selbstbewusst, gelten als arrogant, oder man denkt über uns, dass wir uns selbst überschätzen. So werden uns die weiblich konnotierten Stereotype wie Bescheidenheit und Zurückhaltung wieder zum Verhängnis. Dabei bleibt uns einfach keine andere Möglichkeit mehr, als das männliche Verhalten, das wir tagein, tagaus als Erfolg versprechend verkauft bekommen, zu imitieren.

Ich selbst bin nicht unbedingt immer die Lauteste im Raum – auf menschlicher Ebene habe ich es sogar lieber, wenn sich mein Gegenüber beispielsweise erst einmal an den Vibe herantastet und nicht direkt jedes Gespräch dominiert, als würde ihr oder ihm ohnehin schon der gesamte Raum an den Lippen hängen. Was ich damit sagen will: Wo bleibt in dieser ganzen Theorie eigentlich Platz für diejenigen, die vielleicht nicht extrovertiert sind? Deren Lieblingstag in der Woche der Drinnie-Dienstag (dringende Podcast-Empfehlung!) ist, und die sich nichts Schlimmeres vorstellen könnten, als die Aufmerksamkeit auf sich selbst zu lenken? Diese Personen kommen in dieser sehr einfachen Confidence-Rechnung viel zu kurz. Und auch das muss mal gesagt werden: Noch hat niemand bewiesen, dass Selbstbewusstsein immer automatisch auch Kompetenz mit sich bringt. Nicht die, die am lautesten schreien, sind die Besten, oder haben die größte Gehaltserhöhung verdient. Die introvertierte Kollegin, die ihre Leistung nicht bei jeder Gelegenheit hinausposaunt, ist nämlich mindestens genauso toll.

Micdrop.

Die Soziologinnen Orgad und Gill schlagen übrigens vor, den Fokus von individuellem Selbstbewusstsein hin zu strukturellen Faktoren innerhalb einer Organisation, eines politischen Systems oder ähnlicher Konstrukte zu shiften. Eine solche Fokusverschiebung könnte helfen, ein »Klima des Selbstbewusstseins« zu schaffen, in dem Frauen und andere marginalisierte Gruppen unterstützt und Ungleichheiten ausgeräumt werden können. Natürlich müsse jede*r von uns aktiv an dieser Kultur teilnehmen und sich Raum verschaffen.

Ich fange an: Jedes Mal, wenn mich jemand fragt, wie ich zu meinem Buchvertrag gekommen bin, fällt irgendwann ein

Satz, den ich immer gerne verwende, wenn es um meine eigenen Erfolge geht (den ich aber über andere nie sagen würde): »Da hatte ich einfach viel Glück.« Gender Consultant Marita Haas musste mich darauf aufmerksam machen, dass dies ein bei Frauen sehr beliebtes Muster sei. Wir schieben unsere Leistungen gerne aufs Glück, anstatt sie zu ownen. Damit soll nun Schluss sein. Denn auch, wenn zu allem im Leben ein bisschen Glück gehört, haben wir unsere Jobs, Buchdeals, Gehaltserhöhungen, Boni oder Props von Kolleg*innen nicht (nur) durch Glück bekommen. Sondern weil wir sie verdient haben.

## 7 Not-so-Fun-Facts, die dich wütend machen

### (und zeigen, dass du nicht alleine bist)

Egal, ob die folgenden Fakten für euch als ein Register voller Antworten an selbst ernannte »Equality-Expert*innen« oder als Reminder für euch selbst dienen: Es gibt gute Gründe, wütend, hartnäckig und davon überzeugt zu sein, dass es gottverdammt noch mal wirklich nicht an uns liegt.

- Laut dem Gleichstellungsbericht des Weltwirtschaftsforums (WEF) aus 2022 wird es noch 132 Jahre dauern, bis Frauen ökonomisch gleichberechtigt sind.[16]

- Eine Umfrage ergab, dass sich 44 Prozent der befragten Frauen im Job nicht ausreichend gleichberechtigt fühlen. Als wichtigste Faktoren wurden dabei Gehalt und Aufstiegschancen angegeben.[17]

- In den Geschäftsführungen der 200 umsatzstärksten Unternehmen Österreichs beträgt die Frauenquote im Jahr 2023 ganze 10,5 Prozent.[18] In Deutschland betrug im Jahr 2022 der Frauenanteil in den Vorständen der 200 größten Unternehmen 15,6 Prozent.[19]

- Laut Statistik Austria sind Frauen in Österreich am Ende ihrer Karriere armutsgefährdeter als Männer. Unter Pensionist*innen waren 2018 18 Prozent der Frauen von Armut betroffen – im Gegensatz zu neun Prozent der Männer über 65.[20]

- Laut einer Studie der Arbeiterkammer Österreich erleben Frauen folgende Formen der Diskriminierung am Arbeitsplatz: unsachgemäße Kritik an ihrer Arbeit, Gerüchte, das bewusste Zurückhalten von Informationen, niedrigeres Einkommen trotz gleicher Position und Tätigkeit, Anspielungen, Spitznamen und Kommentare, ungewöhnliche Fragen beim Vorstellungsgespräch.[21]

- Laut einer Umfrage, die von der *Wirtschaftswoche* in Auftrag gegeben wurde, fühlt sich jede zehnte Frau zwischen 18 und 70 am Arbeitsplatz nicht sicher – körperlich und emotional. Ungefähr jede fünfte Frau hat sexuelle Belästigung am Arbeitsplatz beobachtet, jede vierte selbst erlebt.[22]

- Etwa 79 Prozent der EU-Bürger*innen befürworten, dass Maßnahmen eingeführt werden sollen, die die Gleichstellung der Geschlechter am Arbeitsmarkt vorantreiben. In Deutschland liegt die Zustimmung ebenfalls bei 79 Prozent – in Österreich bei 71.[23]

# I'M A HUSTLER, BABY

Die Zusammenhänge, die das Arbeiten als Frau in einem kapitalistischen, patriarchalen System prägen, erkannte ich erst im Laufe der letzten Jahre. Dass all unser Tun im Rahmen unserer Lohnarbeit (und leider auch darüber hinaus) auf Profitmaximierung, Selbstoptimierung und kapitalistische Verwertbarkeit ausgelegt ist, ist eine Wahrheit, auf die mich niemand vorbereitet hat. Ich hatte in der Schule und im Studium gelernt, wie Tropfsteinhöhlen entstehen, wie man eine wissenschaftliche Arbeit schreibt, Statistiken auswertet und Gedichte analysiert. Die dann doch recht wichtige Info darüber, wie der Hase im Kapitalismus für uns Frauen so läuft, war, neben meiner Steuererklärung, eines der Dinge, die man als annähernd erwachsener Mensch wohl selbst herausfinden musste.

Zu Beginn meiner Laufbahn in der Medienbranche glaubte ich an das zu einfache Rezept, das harte Arbeit als unweigerlichen Weg zum Erfolg präsentiert. Ich hatte damals zum Beispiel keine Scheu davor, für wenig Geld viel zu arbeiten. Dass diese Kosten-Nutzen-Rechnung zu meinen Ungunsten ausfiel, war mir lange Zeit egal, denn mein Job gab mir etwas, wonach ich mich sehnte: Identifikation, Sinn – und vor allem ein Gefühl von Erfolg. Dinge wie unbezahlte Überstunden oder überzogene Anforderungen und Ziele übersah ich wohlwollend. Wer am längsten im Büro saß, war automatisch besser in seinem Job – auch wenn längst widerlegt ist, dass eine längere Arbeitszeit mit größerer Produktivität gleichzusetzen ist. Ihr kennt dieses Mindset ganz bestimmt: Gehört man zu denen, die mehr oder weniger pünktlich Schluss machen, weil sie noch Pläne haben und ihre Tasks in ihrer Regelarbeitszeit erledigen können, gilt man in den Augen vieler Kolleg*innen und Vorgesetzten automatisch als die, die nicht bereit ist, die viel zitierte »Extrameile« zu gehen. Und ich wollte diese Meile definitiv gehen.

Ich wäre sogar »Five Hundred Miles« gegangen, wie es in dem gleichnamigen ikonischen Song der Proclaimers beschrieben wird, und sah somit vorerst auch keinen Grund, dieses Konzept zu hinterfragen. Denn ich hatte etwas gefunden, das mich weiter anspornte: leicht verträglichen Lifestyle-Feminismus, der mich damals vollkomplettlich abholte und mir das Gefühl gab, dass es in Ordnung war, als junge Frau extrahart arbeiten zu müssen, um mir einen Namen zu machen. Weil: ohne Leistung kann man es schließlich zu nichts bringen. Gut für alle Arbeitgeber*innen dieser Welt, schlecht für mich.

Ich verinnerlichte eine egogetriebene, stark vereinfachte und vor allem profitorientierte Vorstellung von Feminismus, Arbeit und Erfolg und merkte nicht, dass ich dadurch zwar meine Ziele im Job erreichte, aber in Wahrheit nur nach den Regeln der patriarchalen Arbeitswelt spielte. Und diese Arbeitswelt interessierte sich nur wenig für mich als Frau und Wesen mit Bedürfnissen, Rechten und Emotionen, sondern schätzte mich lediglich als Arbeitskraft. Mein neu gefundener Feminismus regte mich allerdings nicht dazu an, Strukturen zu hinterfragen, sondern er steigerte meine Produktivität. Hashtag You Go, Girl! Ich war zur Verkörperung dessen geworden, was die Arbeitsmoral der Millennials am besten beschreibt: Die Ausgeburt der Hustle Culture. Nein, ich rede hier nicht von dem brillanten Film »Hustlers«, in dem Jennifer Lopez und ihre Stripclub-Kolleginnen reiche Anzugträger abzocken. Ich rede von etwas, das tief im Mindset junger strebsamer Menschen verankert ist und das wir der kapitalistischen Erzählung unserer Selbstwirksamkeit zu verdanken haben.

## If it doesn't spark joy, remove it from your life

Lange Zeit wurde der Begriff »Hustle« vor allem von People of Color in den USA genutzt. Sie beschrieben damit das, was sie tagtäglich tun mussten, um in einem System, das sie systematisch benachteiligt, zu überleben. Im Laufe der Zeit wurde der »Hustle« zunehmend glorifiziert, unter anderem durch Rap-Lyrics und die Vorstellung, dass prekäre Jobs der einzige Weg seien, um als diskriminierte Person etwas aus dem eigenen Leben zu machen. Heute versteht man unter

Hustle Culture im Kontext von Lohnarbeit und Arbeitskultur das Abkulten von harter Arbeit, Überstunden und Maloche bis an den Rand eines Burn-outs sowie die Vernachlässigung seiner sozialen Beziehungen aufgrund eines nicht zu bewältigenden Workloads. Das ist aber noch nicht alles: Das Konzept lebt davon, Arbeit emotional aufzuladen und uns glauben zu machen, dass harte Arbeit und eine ganz bestimmte Definition von Erfolg uns zu einem glücklichen Leben verhelfen. Wir sollen lieben, was wir tun, anstatt es einfach zu ertragen oder Lohnarbeit ganz pragmatisch als Mittel zum Zweck zu sehen. »Love what you do and you will never work a day in your life« ... oder so.

Hustle Culture wird in Anlehnung an den Ausdruck »Rise and Shine« manchmal auch als »Rise and Grind«, also sinngemäß etwa »Aufstehen und schuften«, bezeichnet. »Hustlen« beschreibt ein für Millennials typisches Streben nach Produktivität und Selbstoptimierung. Dieses Streben wird angetrieben von übersteigerten Erwartungen an uns selbst, weil wir dachten, wir müssten einfach nur nach den Sternen greifen. Und als viele von uns Millennials feststellten, dass die Welt der Lohnarbeit doch nicht auf uns wartete und unsere Arbeitgeber*innen so ziemlich die Einzigen waren, die von unserem Ehrgeiz profitierten, spornte uns das nur noch mehr an. »Ich hielt das System nie für gerecht. Ich wusste, dass nur wenige davon profitieren konnten. Ich dachte, ich könnte mich selbst weiterhin so optimieren, dass ich eine von ihnen wurde«, schrieb Anne Helen Petersen in ihrem viel beachteten *Buzzfeed*-Essay »How Millennials became the Burn-out Generation« und sprach damit vielen aus der Seele.[24]

Es reichte mir nicht, einfach nur viel zu arbeiten, sondern ich verpasste dem Ganzen einen höheren Sinn und suchte meine Bestimmung in dem Bereich meines Lebens, der mir die einfachste Möglichkeit dazu bot. Es war für mich zu dieser Zeit naheliegend, mich selbst als Summe meiner beruflichen Erfolge zu definieren, auch weil ich von außen ziemlich viel Bestätigung dafür bekam. Also verknüpfte ich meine Identität mit meinem Job – was nach dem Ende meiner ersten fixen Anstellung dazu führte, dass ich stundenlang mit leerem Blick an meine Wand starrte und mich fragte, wer ich eigentlich ohne meinen Job noch war.

Vielleicht halten wir alle uns auch deshalb so an der Vorstellung fest, dass sich unsere harte Arbeit lohnt, weil sie uns das Gefühl von Kontrolle über unser Leben gibt. Sie verschafft uns eine gewisse finanzielle (Planungs-)Sicherheit, sie lässt uns unabhängig von unseren Eltern werden und unseren eigenen Weg in Form eines Berufes finden. Als kontrollsüchtiger Mensch fühlte ich mich immer sehr wohl mit der Vorstellung, dass mein Job mir Macht über mein Leben, meine Identität gab, und merkte nicht, dass meine vermeintliche Selbstbestimmtheit eigentlich das Gegenteil war. Denn unser Leben wird hauptsächlich vom System bestimmt und nicht – wie von uns erhofft – bestimmen wir umgekehrt das System. Der Psychologie-Professor Jeffrey Jensen Arnett, der an der Clark University zum Leben von jungen Erwachsenen forscht, erklärte in einem Statement für das Magazin *Cnet,* dass diese Ideale früher oder später miteinander in Konflikt treten würden: »Es ist schwer, einen Job zu finden, der das erfüllt, denn ein Job wird nicht geschaffen, um Menschen zu erfüllen, sondern weil Dinge für andere Menschen erledigt werden müssen.«[25]

Ich machte meine Karriere jahrelang zu meinem Lebensmittelpunkt und einem Charaktermerkmal: »Ja, ich bin die von diesem Magazin!« Die anderen Bereiche meines Lebens, Beziehungen, Hobbys und Freundschaften, gab es natürlich auch noch. Aber auch die richteten sich nach der Logik meines Jobs. Wenn ich auf Partys ging, dann meist mit Kolleg*innen oder direkt auf Veranstaltungen, die mit meinem Arbeitgeber zu tun hatten. Wenn ich am Wochenende mit Freund*innen quatschte, schwebte die Frage »Wie könnte ich daraus einen Artikel machen?« immer in meinem Hinterkopf. Wenn ich jemanden datete, fiel irgendwann der eine Satz, der mich daran erinnerte, dass mein Job mein Leben bestimmte: »Du schreibst doch bestimmt einen Artikel über mich, ich muss aufpassen, was ich sage.« (Und ja: Ich schrieb damals immer mal wieder überspitzte Artikel über Tinder-Dates.)

Nicht viel besser sieht es aus, wenn neben dem Job auch unser Privatleben mit Selbstoptimierungsansprüchen geflutet wird: Wenn du nach einem langen Arbeitstag nach Hause kommst, an dem du unbezahlte Überstunden schieben durftest, arbeitest du noch deine private To-do-Liste ab, die vorsieht, dass du zwischen 19:15 und 19:30 Uhr meditieren musst. Oder denken wir kurz an die Netflix-Hype-Show mit Marie Kondo, die uns erklärt, wie wir unseren Wohnraum optimieren und ausmisten. »Does this spark joy?«, soll man sich bei jedem Gegenstand, den man in Händen hält, fragen. Bei mir jedenfalls löste diese Art der Selbstoptimierung irgendwann zusätzlich Druck aus.

Im Laufe der Jahre wurde ich zu einer dieser Kolleg*innen, die keinen Bock mehr auf die verdammte Extrameile hatten. Ich wollte um 17 Uhr das Büro verlassen – und das mit der Selbstverständlichkeit, die der Situation angemessen ist. Ich realisierte, dass mir eben auch noch andere Dinge im Leben wichtig waren: meine Freund*innen, Hobbys, Me-Time, meine Gesundheit, you name it. Ich sehnte mich nach dem, was Unternehmen heute gerne als Work-Life-Balance in ihren Stellenanzeigen promoten.

Trotzdem konnte ich den Gedanken daran, dass die anderen Schlechtes über mich dachten, wenn ich nach getaner Arbeit pünktlich nach Hause ging, nicht sofort abschütteln. Ich musste es üben und es war mir viele Male unangenehmer als der Walk of Shame nach einer langen Partynacht. Ging ich nach 8 Stunden um 17 Uhr als eine der Ersten aus dem Büro, hatte ich ein schlechtes Gewissen. Erst kürzlich habe ich einen treffenden Tweet zu diesem Thema gelesen – er lautete sinngemäß so: Warum verlangen Arbeitgeber*innen automatisch Mehrleistung von uns? Sie bezahlen uns schließlich für eine genau definierte Leistung in einem gewissen zeitlichen Ausmaß. Gehe ich ins Restaurant, bezahle ich auch für eine ganz bestimmte Speise – und niemand würde auf die Idee kommen, automatisch davon auszugehen, dass man mehr als vereinbart für sein Geld bekommt, oder?

Gedankenexperimente wie dieses halfen mir, mir einen pragmatischen Blick auf das Thema Arbeit anzueignen. Bis zu diesem Zeitpunkt identifizierte ich mich wie das absolut gottlose Millennial-Klischee, das ich bin, über meine Arbeit. Klar, ich stand auch als Persönlichkeit mehr oder weniger in der Öffentlichkeit, unter jedem Artikel stand mein Name, ich teilte persönliche Geschichten und teilweise intime Einblicke mit den Leser*innen. Aber langsam wurde mir klar, dass ich mich nach einem im positivsten Sinne langweiligen 9-to-5-Job sehnte, in dem ich zwar gute Arbeit machte, den ich aber so gut es ging von meiner Persönlichkeit und meiner Selbstwahrnehmung trennen konnte. Es war amtlich und ich war bereit, es von den Dächern zu schreien: Ich hatte keinen Bock mehr auf die Hustle Culture.

Ich wusste jetzt also so ungefähr, was ich (nicht) wollte, aber ich war auch wütend, weil ich mich nach allen Regeln der Kunst verarscht fühlte: Von der Gesellschaft, die mir eingetrichtert hatte, dass es eine gute Idee sei, seine persönliche Erfüllung im Job zu suchen. Vom Kapitalismus, der mir individuelles Glück durch harte Arbeit versprochen hatte. Und von der Popkultur, die ich so liebe, die mich aber gleichzeitig mein Leben lang mit absolut fragwürdigen Vorbildern konfrontiert hatte. Von Vorbildern, die mir bis heute vorleben, wie man als Frau zu sein oder auszusehen hat, und die uns vorgeben, was Erfolg bedeutet. Von all den berühmten und mächtigen Frauen, die Kardashian oder Jenner mit Nachnamen heißen und wahrscheinlich in jeder Minute, die ihr diese Zeilen lest, Millionen verdienen, fühlte ich mich verarscht.

Ich war aber auch wütend auf mich selbst, weil ich mich in der Vergangenheit lediglich mit der Frage beschäftigt hatte, *was* ich arbeiten wollte, aber nicht wusste, zu welchen Bedingungen. Ich machte mir zum Vorwurf, dass ich erst viel zu spät begonnen hatte, meine Rolle als junge Frau zu hinterfragen. Obwohl ich selbst genügend Situationen erlebt und beobachtet hatte, die mir die Benachteiligung von Frauen vor Augen führten, dachte ich, dass ich die meisten dieser Probleme mit meiner Ambition lösen könnte. Vielleicht haben es die anderen einfach nicht hart genug versucht, redete ich mir ein. Vielleicht wussten meine männlichen Kollegen einfach besser, nach welchen Regeln sie spielen mussten.

Ich gab mir selbst die Schuld an etwas, das ich nicht einmal verstand: dem patriarchalen, kapitalistischen System, in dem wir arbeiten. Seit dieser Enttäuschung arbeite ich jeden Tag daran, einen Weg für mich zu finden, wie ich zwar als erwerbstätige Frau bestehen kann – immerhin brauchen wir alle Kohle –, aber dennoch einen gesunden Umgang mit dem Thema Arbeit finde.

Ein elementarer Bestandteil der Hustle Culture ist es, zu wissen, was man will. Ich weiß heute, was ich *nicht* will. Ich will kein Arbeitsklima, das von ausgefahrenen Ellenbogen, Egoismus, Privilegienblindheit, Veränderungsresistenz und Selbstausbeutung geprägt ist. Für mich ist prekäre Arbeit keine »harte Schule« mehr, durch die jede*r gehen muss, um irgendwann erfolgreich zu sein. Niemand wird dich später befördern, weil du im Jahr 2015 ein unbezahltes Praktikum bei einem Kulturmagazin absolviert hast. Und nicht jede*r kann und – vor allem – *muss* alles schaffen.

Es ist völlig in Ordnung, keine Karriere hinlegen zu wollen, einfach nur einen basic Job zu machen, der einen nicht erfüllt, aber die Rechnungen zahlt. Ich habe das Gefühl, dass diese Sicht der Dinge immer größeren Anklang unter den Generationen findet, die jünger sind als ich – und darüber bin ich zugegebenermaßen sehr glücklich. Auch so einige

Unternehmen beweisen mittlerweile, dass es anders geht: Ein Klempnerbetrieb am Bodensee führte zum Beispiel die Vier-Tage-Woche ein. Er kann sich seitdem vor Bewerber*innen kaum noch retten und seine Mitarbeiter*innen seien laut eigener Aussage mit dem neuen Modell eindeutig zufriedener und motivierter.[26]

## Die 4 Red Flags der Hustle Culture – von mir für euch getestet

- Du vermischst deinen Job mit deiner Persönlichkeit und definierst dich nur noch über deine beruflichen Erfolge und deinen Ehrgeiz.
- »Wir sind nicht nur Kolleg*innen, wir sind eine Familie«: So wirst du emotional abhängig von deinem Job und hast das Gefühl, jemandem etwas zu schulden.
- Du vernachlässigst alles andere: Deine Mental Health und dein Privatleben leiden.
- Du glaubst fest daran, dass sich deine harte Arbeit irgendwann lohnen wird, auch wenn du bisher keine Anhaltspunkte dafür hast.

Auch auf Social Media ist es fast unmöglich, der Hustle Culture in all ihren Formen und Farben zu entkommen – sei es in Form von Hashtags oder Memes. Postings, in denen man sich als hart arbeitende*r Macher*in präsentieren will, werden mit Hashtags wie #ThankGodItsMonday oder #riseandgrind garniert (WTF?). Das zeigt, wie sehr wir uns immer noch über unsere Produktivität und ach so tolle Arbeitsmoral definieren – und wenn ich an mein früheres Ich denke, kann ich sie leider nur allzu gut verstehen.

Der performative Beigeschmack der Hustle Culture ist meiner Meinung nach ein zentrales Element. Einerseits spornt es uns zu neuen Höchstleistungen an, wenn wir sehen, wie hart die anderen arbeiten. Und andererseits prägt das Präsentieren unserer eigenen Motivation unsere Selbst- und Fremdwahrnehmung. Ein Beispiel gefällig? Antworte ich um 23 Uhr noch auf eine wichtige Mail, wird meine Vorgesetzte über meinen Einsatz staunen – und ich selbst klopfe mir dafür auf die Schulter. So wird Arbeit zum Insta-tauglichen Lifestyle. Genau wie das »Work Hard Play Hard«-Mantra, das mich jahrelang so hartnäckig begleitet hat wie dieser eine Typ, der immer wieder in meine Instagram-DMs slidet, obwohl ich gar kein Interesse an ihm habe. Aber so ganz loslassen können wir ihn auch nicht, oder? Mit den Worten, die einst auf einem ikonischen T-Shirt von Britney Spears prangten: DUMP HIM. (Natürlich im übertragenen Sinne.)

## Die Geburtsstunde der Hustle Culture

»Du kannst alles schaffen, solange du nur daran glaubst, denn du ganz allein bist deines Glückes Schmied*in und etwas ganz Besonderes noch dazu.« Das bekamen wir privilegierten Millennials und Zoomer, die wir zwischen den frühen 1980ern und frühen 2010ern geboren wurden, und die das Glück hatten, in entwickelten Industriestaaten auf die

Welt zu kommen, von unseren Eltern schon von klein auf eingetrichtert. Schließlich war es ihnen doch auch gelungen, sich durch einen stabilen Job ein Haus oder eine Wohnung und die eine oder andere Pauschalreise leisten zu können und sich für die Rente abzusichern. Also musste es für uns doch ein Kinderspiel sein, dasselbe zu tun, oder?

Für meine Generation (und auch die darauffolgenden) ging diese Rechnung leider nicht ganz auf – und das, was unsere Eltern uns eigentlich hätten einbläuen sollen, lautet meiner Meinung nach wie folgt: »Du kannst alles versuchen und wirst manches davon mithilfe einer Mischung aus Privilegien, Skills und ein wenig Glück schaffen. Etwas nicht zu schaffen, ist übrigens auch völlig in Ordnung! Und vergiss bei all dem Leistungsdruck bitte nicht, auf deine mentale Gesundheit zu achten, mein Kind!«

Man wird ja wohl noch träumen dürfen.

Ich wuchs als Millennial in einer Zeit auf, die von diversen Unsicherheiten geprägt war – allem voran von der Weltwirtschaftskrise, die ab 2007 herrschte. Die Krise führte zu zahlreichen Insolvenzanmeldungen und Wertpapierverlusten in Billionenhöhe und wirkte sich auf die Einstiegsgehälter von Millennials aus, die damals frisch ins aufgrund der Krise stark kompetitive Berufsleben starteten.[27] Das Narrativ, das den jungen Arbeitskräften vermittelt wurde: Sie müssten die produktivste Version ihrer selbst sein, um sich in dieser unangenehmen Wirtschaftslage durchzusetzen. Schon früh wurde klar, dass niemand wirklich arbeiten ging, um das System umzukrempeln, sondern um in ihm finanzielle Sicherheit zu finden und erfolgreich zu werden.

Auch die jüngeren Millennials blieben nicht von den Auswirkungen der Wirtschaftskrise verschont: Viele von ihnen waren damals noch von ihren Eltern abhängig, die durch die Krise ebenfalls weniger Geld zur Verfügung hatten, um beispielsweise für ein Studium aufzukommen oder ihren Nachwuchs während unbezahlter Praktika finanziell zu unterstützen. Dem Internationalen Währungsfonds (IWF) zufolge starteten die jungen Arbeitnehmer*innen während des »schlimmsten globalen Abschwungs seit der Großen Depression« in ihr Berufsleben, können sich häufig auch deswegen heute keine Immobilien leisten und Altersarmut, die übrigens Frauen viel häufiger betrifft als Männer, stellt eine reale Bedrohung dar. So ganz nebenbei müssen Millennials außerdem die Tatsache verkraften, dass sie laut dem IWF 40 Prozent weniger Vermögen besitzen als ihre Eltern im selben Alter, und sie somit zu der ersten Generation seit dem Zweiten Weltkrieg gehören, die es nicht besser als ihre Eltern hat.[28] Diese Entwicklung betrifft People of Color noch stärker als weiße, privilegierte Millennials.

Das alles scheinen die Absender dieser kapitalismustreuen »Du kannst alles schaffen«-Message nur allzu gerne zu vergessen. In der Wissenschaft bezeichnet man das Ganze als meritokratischen Diskurs, der ein Gesellschaftsmodell beschreibt, in dem Individuen vor allem aufgrund der persönlichen Leistung aufsteigen. Laut der Gender-Expertin Marita Haas gibt es da nur einen kleinen Haken an der meritokratischen Idee, die übrigens im Gegensatz zur Egalität, also der (Chancen-)Gleichheit, steht: Irgendwann stößt man auf strukturelle Barrieren, die einen am Erfolg in einem solchen System hindern. »Meritokratie kann nur aus einer sehr privilegierten Perspektive heraus argumentiert werden, die davon ausgeht, dass alle die gleichen Chancen haben. Das stimmt natürlich nicht«, so Haas.

Wir wissen aus Studien, dass Bildungsmöglichkeiten und somit Karrierechancen zu einem maßgeblichen Teil vererbt werden. Es ist also nicht so einfach wie gedacht, die Karriereleiter hochzuklettern, wenn man gesellschaftlich benachteiligt aufgewachsen ist und die eigenen Eltern ebenfalls nicht die Chance hatten, zum Beispiel ein Studium zu beginnen. In Österreich erreichten laut einer Erhebung aus 2021 zum Beispiel lediglich sieben Prozent der Menschen akademische Abschlüsse, deren Eltern maximal einen Pflichtschulabschluss aufweisen.[29] Laut dem Deutschen Hochschulreport entscheiden sich von 100 Arbeiter*innenkindern lediglich 27 für ein Studium.[30] Haben die Eltern studiert, sind es 79. Es kann wohl doch nicht jede*r alles erreichen.

Unsere Träume platzten schließlich wie eine Immobilienblase: Der Einstieg in die Arbeitswelt bedeutete für viele Millennials unter anderem un- oder unterirdisch bezahlte Praktika, (Selbst-)Ausbeutung, Burn-out und veraltete Strukturen, die man am eigenen Leib zu spüren bekam. In meinem ersten Praktikum verdiente ich im Monat einen dreistelligen Betrag im niedrigen Bereich, meinen ersten richtigen Job hätte ich ohne die zusätzliche finanzielle Unterstützung meiner Mutter ohnehin niemals annehmen können. Jobs, in denen unser menschliches Kapital ausgenutzt wird, standen (und stehen noch heute) auf der Tagesordnung. Denke ich zurück an die Jahre, als meine Freund*innen und ich unsere ersten Erfahrungen in der Jobwelt sammelten, lautet mein

Resümee: Wir haben uns durch die Bank ziemlich übel ausbeuten lassen. Aber es war nun mal die einzige Möglichkeit, einen Fuß in die Tür zu bekommen. Forderungen nach mehr Gehalt oder Fairness traute ich mich als junge Frau entweder gar nicht erst zu äußern oder sie wurden schnell als »überzogene Ansprüche« meinerseits abgetan.

Eine weitere Dimension kommt hinzu, wenn man es mit älteren Vorgesetzten zu tun hat, die in einer anderen Generation unter völlig anderen Umständen groß geworden sind. Nicht nur einmal musste ich mir anhören, dass wir Millennials ohnehin verwöhnt seien und unsere »Befindlichkeiten« (ein Wort, bei dem ich kotzen könnte) zu wichtig nähmen.

Lange glaubte ich diesen ganzen Blödsinn. Ich war mir sicher: Dass ich wirklich alles schaffen kann, wird sich im späteren Verlauf meiner Karriere zeigen. Bis dahin musste ich mich mit Sprüchen wie »In deinem Alter habe ich auch keine Gehaltserhöhungen verlangt« abfinden, die mich nicht gerade optimistisch stimmten. Und damit war ich nicht alleine.

All diese Unsicherheiten und Ungerechtigkeiten, die das Arbeitsleben von Millennials von Anfang an prägten, lassen unsere Generation pessimistisch in die Zukunft blicken und haben unweigerlich zu einer gewissen Systemverdrossenheit geführt. Das belegen zahlreiche Studien, die zeigen, dass sich im Vergleich zu anderen Generationen unser Vertrauen in die Wirtschaft und Politik in Grenzen hält. Die Beratungsfirma Deloitte befragte im Jahr 2022 Millennials (und auch die Gen Z), ob sie denken, dass Unternehmen Gutes für die Gesellschaft leisten.[31] Das ernüchternde Ergebnis: Weniger als die Hälfte der Befragten aus beiden Generationen bejahte diese Frage. Unser verlorenes Vertrauen in Institutionen wurde ersetzt durch ein umso stärkeres Vertrauen in uns selbst und unsere Fähigkeiten.

Dieses übersteigerte Selbstvertrauen spiegelt sich auch in Stimmungsbildern von Menschen unter 40 wider, die sich irgendwo zwischen Fatalismus und Egomanie bewegen: Laut einer Studie, die von den Agenturen BRC, Purpose Union und Root Cause im Jahr 2020 unter zweitausend Millennials und Vertreter*innen der Gen Z in Deutschland und Großbritannien durchgeführt wurde, glauben nur 32 Prozent der Befragten, dass Politiker*innen in der Lage sind, die großen Probleme unserer Zeit zu lösen.[32] Die Hälfte von ihnen denkt, dass Individuen wie sie selbst das Zeug dazu haben, die »Herausforderungen ihrer Generation« positiv zu beeinflussen. Was kann da schon schiefgehen?

# OK, BOOMER

Wenn Boomer über die Klimakrise (»Früher war's auch heiß!«), Geschlechterrollen (»Und, *hilft* dir dein Freund im Haushalt?«) oder Körperbilder (»Du hast zugenommen, oder? Willst du diese Portion wirklich essen?«) sprechen, brennt es mir persönlich unter den Nägeln. Aber auch in der Arbeitswelt verschont uns die Generation nicht mit überholten Weisheiten und dieser gewissen Prise Selbstgefälligkeit. Und wie wir alle wissen, kann es nur eine richtige Antwort auf die eben genannten Killerphrasen geben. Und zwar jenes Meme, das gern genutzt wird, um auf solche für die Generation stereotypen Aussagen zu reagieren: OK, Boomer! (Mama, du bist an dieser Stelle natürlich ausgenommen!)

Die Zusammenarbeit mit älteren Generationen – insbesondere den unverbesserlichen Boomern – kann ganz schön tricky sein. Noch nie waren fünf Generationen gleichzeitig am Arbeitsplatz vertreten. Derzeit treffen in unseren Büros die sogenannte Stille Generation, die Baby-Boomer, die Gen X, Millennials (aka Gen Y) und die Gen Z zusammen – und vor allem zwischen Boomern und den Generationen Y (die übrigens in den USA schon den Großteil der arbeitenden Menschen ausmacht) und Z kann es am Arbeitsplatz ganz schön krachen.

Ich persönlich finde das oftmals ehrlich gesagt ziemlich gut. Vor allem, wenn ich an Boomer-Kolleg*innen denke, für die sexistische oder anderweitig diskriminierende »Witzchen« eben dazugehören. Die denken, dass sich die Welt seit ihrem Start ins Berufsleben nicht verändert hat. Und die keine Ahnung von den Herausforderungen und Bedürfnissen jüngerer Generationen haben, weil sie denken, dass ihre Ansichten der Weisheit letzter Schluss seien. Es ist klar, dass es dabei zu gewissen Konflikten kommen muss – das liegt an den Wertvorstellungen der Generationen, die oftmals noch weniger zusammenpassen als mein letzter Crush und ich.

## Generation Snowflake sorgt für Ärger

Menschen, die zur Baby-Boomer-Generation gehören, zeichnen sich durch andere Werte aus als Millennials: Sie wurden nach dem Zweiten Weltkrieg geboren, als die Wirtschaft einen solchen Aufschwung erlebte, dass man diese Zeit als »Wirtschaftswunder« bezeichnet. Sie gelten als beruflich sehr zielstrebig und glänzen durch ihre Arbeitsmoral. Sie wollen im Beruf erfolgreich sein, und sind bereit, dafür alles zu geben. Ich meine, wer kennt sie nicht, die älteren Kolleg*innen, die jedes Mal mit den Augen rollen, wenn wir

Begriffe wie »Work-Life-Balance« droppen, oder betonen, dass uns Benefits in einem Unternehmen wichtig sind? Für Babyboomer ist ein erfolgreicher Job in der Regel identitätsstiftend und sie empfinden einen sicheren Arbeitsplatz als besonders wichtig. Sie glauben im Vergleich zu jüngeren Generationen außerdem noch stärker an die Loyalität von Unternehmen zu Mitarbeiter*innen und sind auch selbst viel loyaler ihren Arbeitgeber*innen gegenüber.

Millennials hingegen gelten als besonders kreativ und innovativ und legen mehr Wert auf ein gutes Gehalt, freundliche Atmosphäre und Weiterentwicklungsmöglichkeiten (kein Wunder, schließlich werden die Anforderungen in vielen Jobs immer komplexer). Außerdem sind der Millennial-Generation Führungsverantwortung und ein gewisser Sinn in der Arbeit wichtig. Sind Millennials am Arbeitsplatz unzufrieden, sind sie eher zu Jobwechseln bereit als die älteren Generationen. Unzufrieden sind Millennials laut einer Studie von Peakon am Arbeitsplatz übrigens beispielsweise dann, wenn sie das Gefühl haben, keinen sinnvollen Beitrag zu leisten, oder wenn sie meinen, dass ihre Leistungen nicht anerkannt werden.[33]

Ein Faktor, der die unterschiedlichen Werte der Generationen oftmals besonders hervorhebt, ist das unterschiedliche Verständnis von Respekt. Während für Boomer Wertschätzung von und Respekt vor Vorgesetzten häufig hierarchisch und konservativ definiert wird, sehen jüngere Arbeitnehmer*innen große Vorteile in flachen Hierarchien und einem Umgang auf Augenhöhe. In Situationen, in denen sich diese Einstellungen zeigen, kann es zum Clash der Generationen kommen: Während ich meinem Chef offen und ehrlich sage, dass ich einen Verbesserungsvorschlag habe oder unzufrieden bin, und denke, durch meine offene Kommunikation Probleme aus der Welt zu schaffen, ist dies für mein Gegenüber der absolute Affront. In einem Interview erklärte die Expertin Rachele Focardi, dass sich manche Boomer am Arbeitsplatz regelrechte Ehrerbietung erwarten würden.[34] Das liege meist an der Erziehung, die die Baby-Boomer-Generation genossen hat. Diese sei viel autoritärer abgelaufen als die Erziehung der jüngeren Generationen, die oftmals partnerschaftlich gewesen sei.

Aber nicht nur zwischen Boomern und Millennials gibt es Spannungen – denn da wäre auch noch die Gen Z: Dieser Generation sind ein sinnvoller Job, Selbstverwirklichung und eine gesunde und strikt einzuhaltende Work-Life-Balance besonders wichtig – noch viel wichtiger als so manchen Millennials. Hinzu kommt, dass sie Arbeit immer mehr als Mittel zum Zweck anstatt als identitätsstiftendes Element sehen. Das schmeckt älteren Arbeitnehmer*innen nicht besonders: So gab ein Viertel der Befragten einer Studie unter eintausend deutschen Arbeitnehmer*innen an, nicht gerne mit der Gen Z zusammenzuarbeiten.[35] Außerdem hat ein Drittel der Boomer, Gen X und Millennials ein Problem mit der Arbeitseinstellung der Gen Z. Wie Timo Müller, Leiter des Instituts für Konfliktmanagement und Führungskommunikation, gegenüber dem *Redaktionsnetzwerk Deutschland* erklärt, hätten Boomer ganz grundsätzlich oftmals kein Verständnis dafür, dass Jüngere im Job zuerst an sich selbst denken würden und möglichst viel Freizeit haben wollen.[36] Manche würden das sogar als moralisch verwerflich wahrnehmen, so Müller.

Frauen fühlen sich von Boomern laut dieser Studie übrigens besonders oft stereotypisiert und klischeehaft behandelt. Seien es Fragen nach einer geplanten Schwangerschaft im Bewerbungsgespräch oder Phrasen wie »Du bist eine richtige Powerfrau!« – schon viel zu oft habe ich solche Storys entweder selbst erlebt oder von Freund*innen gehört. Und wieder einmal stehen wir Frauen vor mehreren Problemen gleichzeitig: Wir kämpfen am Arbeitsplatz nicht nur gegen verkrustete Strukturen, sondern auch noch gegen den guten, alten Sexismus. Was soll's, wir sind schließlich Multitaskerinnen! (Auch so ein Klischee, oder?) Die gute Nachricht: Junge Frauen lassen sich am Arbeitsplatz immer weniger bieten, wie Marita Haas beobachtet. »Es gibt immer mehr junge Menschen, die klarmachen, dass die traditionellen Rollen so nicht mehr passen. Junge Frauen sind jetzt viel mehr aware, was sie sich in einer Organisation bieten lassen. So was wie sexistische Bemerkungen oder sexuelle Belästigung wird viel schneller thematisiert und eskaliert. Es wird stärker für die eigenen Rechte eingetreten. Aber die strukturellen Barrieren haben sich nicht so sehr verändert.«

Der Generationenkonflikt geht sogar so weit, dass manche Millennials ihre Jobs aufgrund von älteren Kolleg*innen kündigen – und umgekehrt: Eine Umfrage ergab, dass dies auf ein Viertel der befragten Millennials zutrifft.[37] Sie haben wegen älterer Vorgesetzten oder Kolleg*innen ihre Jobs hingeschmissen. Sogar 36 Prozent der befragten Boomer haben ihre Jobs wegen eines Millennials gekündigt. 30 Prozent der Millennials finden, dass ein*e ältere*r Kolleg*in sie ausbremst und beispielsweise Lob für ihre Arbeit einheimst. WTF?

Es gibt übrigens auch Dinge, die wir aneinander schätzen: Millennials schätzen die Verlässlichkeit, Pünktlichkeit und Liebe zum Detail ihrer Boomer-Kolleg*innen. Sind wohl hin und wieder doch ganz OK, diese Boomer. Sie schätzen an Millennials wiederum die positive Einstellung (LOL, wenn die wüssten, dass wir uns in Wahrheit nur von einem Depressions-Meme zum nächsten hangeln), Problemlösungskompetenz und das Verantwortungsbewusstsein.

Meinungsverschiedenheiten zwischen jüngeren und älteren Generationen sind natürlich nichts Neues, das sieht auch Haas so: »Der Vorwurf der Jugend an die Älteren und umgekehrt ist immer ein ähnlicher. Nur hat er jetzt eine stärkere Vehemenz, einerseits wegen der Klimakrise, andererseits weil wir diese Vorwürfe immer schneller kommunizieren können. So ist der Vorwurf der mangelnden Veränderungsbereitschaft an die Älteren viel sichtbarer.«

Es gibt viel Konfliktpotenzial – und das mag zwar anstrengend sein, bietet jedoch auch große Chancen zur positiven Veränderung. Vielleicht kann der Generationenkonflikt sogar dabei helfen, inklusivere Arbeitsplätze und ein gesünderes Verhältnis zur Arbeit zu schaffen? Es wäre zumindest ratsam. Denn wie *Forbes* berichtet, werden Millennials Schätzungen zufolge im Jahr 2025 75 Prozent der globalen arbeitenden Bevölkerung ausmachen, was die Boomer in den Chef*innenetagen ordentlich ins Schwitzen bringen dürfte.[38]

## Die Lüge von den verweichlichten Generationen

Der offensichtliche Handlungsbedarf von Unternehmen geht auch aus Studien und Befragungen hervor. Wie eine weltweite Studie der Beratungsfirma Randstad herausfand, würde beinahe die Hälfte der jungen Menschen Arbeitslosigkeit einem Job vorziehen, den sie nicht ausstehen können.[39] 56 Prozent der Gen Z und 55 Prozent der befragten Millennials würden ihre Jobs kündigen, wenn diese ihrem Privatleben in die Quere kämen. Darüber hinaus werden auch soziale Werte und der Einsatz für Klima und Umwelt zu immer wichtigeren Faktoren, nach denen junge Menschen ihre potenziellen Arbeitsplätze auswählen. Zwei von fünf sagten sogar, dass sie ein niedrigeres Gehalt in Kauf nehmen würden, wenn sie durch ihren Job einen sinnvollen Beitrag zur Gesellschaft leisten könnten. »Unsere Ergebnisse sollten ein Weckruf für Arbeitgeber*innen sein«, resümieren die Auftraggeber*innen der Studie von Randstad. Es ist somit ein klarer Power-Shift zu beobachten, weil Menschen ihre Prioritäten anders setzen. »Unternehmen müssen ihren Zugang dazu überdenken, wie sie Mitarbeiter*innen langfristig ansprechen, oder müssen mit ernster Konkurrenz kämpfen«, erklärt dazu Randstad-CEO Sander van 't Noordende. Umgekehrt können Firmenwerte wie Inklusion und Umweltfreundlichkeit laut Deloitte auch ein Argument sein, um seine Mitarbeiter*innen langfristig an ein Unternehmen zu binden.[40]

Diese Veränderungen bieten Unternehmen die Chance, ihr Business in die Gegenwart zu befördern und anzuerkennen, dass wir alle unsere traditionelle Vorstellung von Arbeit überdenken müssen. Und vor allem bedeutet es nicht, dass junge Arbeitnehmer*innen faul und übersensibel sind oder grundsätzlich »nicht mehr arbeiten wollen«. Ein Vorwurf, der gegenüber jungen Arbeitnehmer*innen gerne geäußert wird und übrigens ein alter Hut ist: Das bewies Twitter-User Paul Fairie 2022 mit einem Thread namens »A Brief History of Nobody Wants to Work Anymore«, in dem er entsprechende Zeitungsausschnitte sammelte – der älteste stammte aus dem Jahr 1894.[41] Darin schrieb ein Redakteur, dass er aufgrund von Streiks von Minenarbeitern nicht wisse, woher er im nächsten Winter seine Kohle beziehen soll: »Es ist offensichtlich, dass in diesen harten Zeiten niemand mehr arbeiten will«.

Gender-Consultant Marita Haas hält zwar nicht viel von klischeehaften Kategorisierungen wie Generationen-Schubladen, aber sie sieht großes Potenzial zur Veränderung in den aktuellen Entwicklungen am Arbeitsmarkt: »Ich bin froh über jede Generation, die Druck macht und sagt, dass es so nicht weitergehen kann. Als ich studiert habe, wussten wir auch schon, dass 80 Stunden in der Woche nicht zielführend sind, aber es gab wenig Möglichkeit, das abzuwenden. Früher war es in vielen Bereichen von vornherein klar, dass man sich überarbeiten würde.« Ihrer Erfahrung nach seien die Werte und Ansichten von jungen Menschen Neuland für viele Arbeitgeber*innen, dennoch sei den meisten klar, dass sich etwas ändern muss: »Für Unternehmen ist das ungewöhnlich zu hören, dass Kandidat*innen sich wirklich ansehen, wie es in den Unternehmen aussieht. Ist die Website gegendert? Sind im Vorstand nur Männer? OK, danke, nächstes Unternehmen! Und es ist ihnen neu, dass der Name, der über Jahrzehnte aufgebaut wurde, für Kandidat*innen nicht mehr viel zählt, sondern viel mehr, was die Unternehmen machen und wie man miteinander umgeht, was man für die Umwelt oder zum Thema Diversität macht. Genauso wie sie nicht damit vertraut sind, dass junge Arbeitnehmer*innen sich melden und sagen, dass es ihnen nicht gut geht, und sie deswegen nicht zur Arbeit kommen.«

Der Generation Z (auch oftmals als Zoomer bezeichnet), aber auch der Gen Y, die sich in einer Zwischenwelt aus Hustle Culture und dem Wunsch nach einer besseren Arbeitswelt befindet, wird oft aus ebendiesen Gründen nachgesagt, entitled, also sehr fordernd und verwöhnt zu sein. Zu woke, zu hohe Ansprüche, zu arbeitsfaul, zu wenig willens, in Vorleistung zu gehen, also sich erst mal zu beweisen, bevor sie die Früchte ihrer Arbeit ernten. Wir jüngeren Arbeitnehmer*innen wollen einen mehr oder weniger sinnvollen Job (was auch immer das individuell bedeutet), ein faires Gehalt, Benefits wie zum Beispiel ein Ticket für den öffentlichen Nahverkehr, klar kommunizierte Arbeitszeiten und sinnvolle Regeln für Überstunden. Und was für mich ganz normale und vernünftige Erwartungen an einen Job sind, ist für andere, oftmals ältere Kolleg*innen oder Arbeitgeber*innen, eine absolute Frechheit. Sie stempeln uns als überempfindliche Schneeflocken ab, die keine Ahnung von der harten Welt des Kapitalismus haben und doch bitte ihre Befindlichkeiten und persönlichen Bedürfnisse im Privatleben stillen sollen. Dabei verwechseln sie unseren Pragmatismus und unseren Realismus mit Faulheit. Nicht erst einmal habe ich im Job gespürt, dass mich mein Gegenüber für genau das hält: eine verweichlichte Mimose, die es kaum erwarten kann, sich bei ihrer Therapeutin über die gemeine Arbeitswelt auszuheulen.

Mit diesem Vorwurf macht man es sich viel zu einfach. Denn all diese Dinge sind kein Ausdruck von einem Leben als verwöhntes Gör, das denkt, von der Arbeitswelt eine Sonderbehandlung verdient zu haben. Sie sind Ausdruck eines Wunsches nach Veränderung und des Kampfes gegen Strukturen, die längst überholt sind, auch wenn viele gerne an ihnen festhalten würden. Im Grunde sind wir Millennials gar nicht so anders als unsere Eltern und Boomer-Chef*innen – zumindest war das bis vor Kurzem so. Eine Studie von IBM legt nahe, dass sich Millennials und Boomer dieselben Werte in Bezug auf Arbeitsmoral teilen.[42] Was uns letzten Endes wirklich unterscheidet, sind die Welt, in der wir aufgewachsen sind und unsere Lebenserfahrungen.

Millennials sind die Pionier*innen der Hustle Culture und die erste Generation, die mit dem Internet aufgewachsen ist. Das führte dazu, dass wir nicht nur in unserer Freizeit ständig erreichbar sind, sondern dieses Verhaltensmuster auch in unser Jobleben übertragen haben. Zwei Dinge, die Millennials am Arbeitsplatz besonders wichtig sind: Flexibilität und das freie Einteilen von Tasks und Arbeitszeit – was viele Vorteile mit sich bringt, jedoch auch dazu führt, dass Job und Privatleben nur noch schwer voneinander abgrenzbar sind. Zu Beginn meiner Karriere war ich immer im Arbeitsmodus, egal ob am Wochenende oder abends, ich scannte jede Erfahrung, die ich machte, und überlegte bereits, welche Headline ich darübersetzen könnte. Bis ich eben genau das nicht mehr wollte – und konnte.

Das ist der Unterschied zur Boomer-Generation: Ich habe das Modell, das sie uns vorleben, ausprobiert – und für fehlerhaft befunden. Also habe ich nach einem neuen gesucht. Diese Suche habe ich (ungefähr so wie die ewige Suche nach dieser einen Jeans, die einfach *passt*) noch nicht erfolgreich beendet, aber ich bin dabei, nur Geduld. Liebe Zoomer, falls ihr das hier lest: All meine Hoffnung ruht auf euren Schultern, denn ihr seid die Rächer*innen der Hustle Culture, auf die ich all die Jahre lang gewartet habe!

## Weil es immer schon so war

Bevor wir aber dieses absurde patriarchale Kapitalismus-Konstrukt niederreißen (oder zumindest renovieren), sollten wir uns noch ansehen, wie die Arbeitswelt, mit der wir heute zurechtkommen müssen, entstanden ist. Natürlich wissen wir alle, dass die Situation von Frauen früher in jeglicher Hinsicht eine andere war, egal ob es um ihre Rechte in der Ehe oder eben am Arbeitsmarkt ging.

Im 19. Jahrhundert begannen viele Frauen zu arbeiten, was sie der Industrialisierung und der gestiegenen Anzahl der Arbeitsplätze durch die Entstehung neuer Fabriken zu verdanken hatten. Man war der Meinung, dass manche Berufe, unter anderem in der Textilindustrie, für Frauen geeignet waren, aber auch in Pflegeberufen begannen immer mehr Frauen tätig zu werden. Ein erster Schritt. Aber: Ist es nicht bizarr, dass schon anno dazumal festgelegt wurde, was wir heute noch oftmals als »Frauendomänen« bezeichnen? Und dass damit immer auch Jobs gemeint sind, die schlechter bezahlt werden als solche, die als typisch männlich gelten? Der Vorteil an der Sache: Frauen spielten am Arbeitsmarkt eine immer größere Rolle und machten so kleine Schritte in Richtung Unabhängigkeit.

Im Zuge des Ersten Weltkriegs war es schließlich erstmals so, dass zahlreiche Frauen, die zuvor quasi ausschließlich für die häusliche Sphäre, das Gebären und Pflegen von Kindern (inklusive des Ehemannes) und maximal sogenannte »Frauenarbeiten« oder die eigene Landwirtschaft zuständig waren, arbeiten gingen. Irgendjemand musste schließlich die Männer, die im Krieg kämpften, ersetzen. So arbeiteten Frauen aus der Not heraus erstmals auch in Branchen, die zuvor als Männerdomänen galten, wie zum Beispiel in einer Bank oder als Sekretärinnen. Das veränderte den Arbeitsmarkt nachhaltig und brachte einiges ins Rollen, was aber noch lang nicht bedeutete, dass Frauen von nun an gleichberechtigt waren. Noch bis 1977 musste beispielsweise in Deutschland der Ehemann es erlauben, wenn seine Frau arbeiten wollte. Und selbstverständlich wurden Frauen auch nicht genauso bezahlt wie Männer. Kommt uns bekannt vor, oder?

Die Zweite Welle der Frauenbewegung, wie die feministischen Bestrebungen in den 1960er-Jahren genannt werden, setzte sich für die Rechte von Frauen ein. Durch Proteste machten die Akteur*innen der Zweiten Welle auf Themen wie Schwangerschaftsabbrüche aufmerksam und setzten sich unter anderem für gerechten Zugang zum Arbeitsmarkt ein. Für sie war klar, dass Erwerbsarbeit ein wichtiges Instrument für die Emanzipation sei. So wurde die Rolle der

»Hausfrau und Mutter« unter dem Motto »Das Private ist politisch« immer häufiger öffentlich und kritisch diskutiert. In der zweiten Hälfte der Sechziger machten Frauen etwa ein Drittel der Beschäftigten aus, über 70 Prozent arbeiteten in unterdurchschnittlich bezahlten Stellen.[43]

Es ist offensichtlich, dass die Werte, die in der Arbeitswelt zählen, nicht von ungefähr kommen. Sie sind althergebracht und wurden von Generation zu Generation weitergegeben und vorgelebt. Warum hängen wir immer noch daran – und leiden darunter? Die leider sehr banale Antwort: Weil es immer schon so war. Zum einen, weil die Werte, die in einem Unternehmen als wichtig erachtet werden, stark mit denen zusammenhängen, die der Zeit entsprachen, als das betreffende Unternehmen gegründet wurde. Zum anderen, weil Männer von Anfang an die Sphäre der Erwerbsarbeit dominiert und diese nach dem Prinzip der Ähnlichkeit gestaltet und ausgeformt haben. Männer stellen eher Männer ein. Männer (be)fördern eher Männer. Männer pushen sich gegenseitig: Eine Studie zeigt, dass in Österreich 90 Prozent der Finanzierungen für Start-ups an komplett männliche Gründerteams gehen.[44] Das liegt unter anderem daran, dass es viel weniger Gründerinnen und Investorinnen gibt. Aber auch daran, dass Männer eher in Männer investieren. Männer kopieren die Verhaltensweisen, die ihre Väter oder andere große Business-Vorbilder an die Spitze gebracht haben. Und diese Verhaltensweisen haben in unserer Welt leider nur selten etwas mit Gerechtigkeit oder Anti-Sexismus zu tun. Die Arbeitswelt beruht zum großen Teil auf männlichen Ideen und Prinzipien, auf einer Boys-Club-Mentalität.

Währenddessen ist erwiesen, dass Frauen mehr Wert auf Teamarbeit legen, soziale Aspekte und Fairness oft als sehr wichtig empfinden.[45] Früher sei die Erwartungshaltung, die Unternehmen an ihre Mitarbeiter*innen hatten, oftmals durch großen zeitlichen Aufwand und Engagement, eben die »Extramile«, geprägt gewesen – etwas, das uns heute noch nachhängt. Diese Erwartungen funktionieren für Frauen, die zum Beispiel Care-Verpflichtungen haben, nur schwierig, oder eben gar nicht. Mittlerweile wüssten auch Männer, dass diese Erwartungen überholt seien, so die Expertin Haas. Sie erklärt, den Unternehmen sei oftmals gar nicht bewusst, dass ihre Maßstäbe eher maskulin ausgerichtet seien, und führt aus: »In den meisten Organisationen sind (Entscheidungs-)Macht und Geld gender-ungleich verteilt. Mitreden und finanzielle Mittel sind sehr stark in der männlichen Sphäre verortet. Wenn man herausfinden will, wie das so entstanden ist, muss man einen Blick auf die Prozesse eines Unternehmens werfen. Wie rekrutiert man neue Mitarbeiter*innen? Wie stellt sich ein Unternehmen seine idealen Mitarbeiter*innen vor? Ich sehe bei Unternehmen, dass man immer wieder die gleichen Personen sucht. Es gibt in den meisten Organisationen außerdem einen Promotion Gap: Wer hat überhaupt die Chance, befördert zu werden und mitzureden? Es gibt viele wissenschaftliche Studien, die zeigen: Wenn du als Frau eine Gehaltserhöhung forderst, bekommst du wesentlich öfter eine Absage als ein Mann. Dass ich befördert werde, hängt also nicht nur von mir ab, sondern von der Organisation. Dort schauen wir in der Praxis aber wenig hin.«

Das belegt übrigens auch die Wissenschaft: Laut einer

Studie verhandeln Frauen ihre Gehälter so oft wie Männer, bekommen aber dennoch weniger Gehaltserhöhungen.[46] So bekamen 20 Prozent der Männer eine Zusage, während dies nur bei 13 Prozent der Frauen der Fall war. Laut dem »Women in the Workplace«-Report aus 2021, der die Situation von US-amerikanischen Frauen am Arbeitsplatz untersucht, werden pro 100 Männern, die zum Manager befördert werden, lediglich 86 Frauen befördert.[47] Das hat zur Folge, dass weniger Frauen in noch höhere Levels aufsteigen können. Schwarze Frauen werden noch seltener befördert als weiße.

Es gibt das sogenannte Peter-Prinzip, das besagt, dass Beschäftigte so lange befördert werden, bis sie die potenziellen Aufgaben, die mit ihrer neuen Position einhergehen, nicht mehr erfüllen können. Forscher*innen hielten jedoch fest, dass dies nur für Männer gilt, und stellten zusätzlich das »Paula-Prinzip« auf. Es besagt, dass Frauen seltener befördert werden – und wenn, dann im Gegensatz zu den Peters dieser Welt lediglich in Positionen, deren Tasks sie auch ganz sicher erfüllen können. Paula erhält also nicht denselben Vertrauensvorschuss wie Peter und verbleibt somit tendenziell eher in Positionen, für die sie überqualifiziert ist.

Natürlich sind die Boomer, über die wir uns so gerne in Form von gemeinen Memes lustig machen und die wir als sexistische Weltenzerstörer*innen und Umweltfeind*innen abstempeln, letzten Endes nicht mehr als ein greifbares und somit kritisierbares Produkt einer kapitalistischen Arbeitswelt, einer anderen Wirtschaftslage, als wir sie heute kennen, und einer Arbeitsmoral, die längst überholt ist. Viele von ihnen verkörpern Mackertum, führen Seilschaften unter alten weißen Männern fort und sehen keinen Grund, etwas daran zu ändern. Vielleicht müssen wir den Boomern sogar dankbar sein: Dafür, dass sie in uns einen kleinen Funken entzündet haben, der uns dazu anspornt, es besser machen zu wollen. Wir werden es zwar wirtschaftlich gesehen sehr wahrscheinlich niemals besser *haben* als unsere Eltern und Vorgesetzten. Aber wir werden es hoffentlich besser *machen.*

## Selbsttest: Bist du eine überempfindliche Snowflake?

Wenn du mehr als 5 der folgenden Statements zustimmst, dann darf ich dir hiermit feierlich gratulieren: Du bist eine Snowflake – lieb gemeint! Du hast verstanden, dass sich etwas ändern muss, und dafür solltest du stolz auf dich sein. Und wenn wir schon dabei sind: Können wir bitte den Begriff Snowflake reclaimen und positiv besetzen? Lasst es uns gemeinsam sagen: »Ich bin Verena (du bist wahrscheinlich jemand anderes, also bitte sag doch deinen eigenen Namen) und ich bin eine bekennende Snowflake.«

- ☐ Es ist mir wichtig, dass meine Identität nicht zu 100 Prozent aus meiner Arbeit besteht. Ich möchte mehr sein als nur »die, die bei der einen Firma arbeitet«.

- ☐ Ich habe ein Leben abseits von der Arbeit und sehe meine Freund*innen gerne öfter als einmal im Monat.

- ☐ Manchmal möchte ich mich einfach abends auf meine Couch pflanzen und fünf Stunden lang True-Crime-Serien bingen, ohne ein schlechtes Gewissen zu haben.
- ☐ Unser Planet ist mir nicht vollkommen scheißegal.
- ☐ Ich finde, dass man am Arbeitsplatz seine Gefühle und Meinungen zum Ausdruck bringen darf.
- ☐ Ich möchte nicht so lange durcharbeiten, bis ich aufgrund eines Burn-outs zusammenbreche.
- ☐ Überstunden sind nicht mein Nummer-eins-Hobby.
- ☐ Den Arbeitsplatz pünktlich zu verlassen, ist für mich ein Zeichen von guter Work-Life-Balance.
- ☐ Wenn mich etwas stört, sage ich das meinen Vorgesetzten ganz direkt und respektvoll.
- ☐ Ich möchte eine Arbeit verrichten, die mich nicht täglich mit absoluter Sinnlosigkeit erfüllt – am liebsten für ein Unternehmen, das ich cool, korrekt oder spannend finde.

# ZEIT, AUFZUGEBEN!

Eine prominente Frau, die mich jahrelang zu Höchstleistungen angespornt und mir durch ihre Songs vermittelt hat, dass wir Frauen mit unserem Selbstbewusstsein, gehöriger Frauenpower und endloser Anstrengung alles erreichen können, ist Beyoncé. In ihrem 2011 veröffentlichten Song »Run the World (Girls)« konfrontiert sie uns sogar mit dem unrealistischsten Standard überhaupt: »Strong enough to bear the children / Then get back to business« – direkt vom Kreißsaal ins Büro, ein ganz normaler Anspruch an uns Frauen, oder?

Aber da Queen Bey nun mal eine richtige Macherin ist, die mit der Zeit geht und die gesellschaftspolitischen Trends erspürt, die in der Luft liegen, schlug sie elf Jahre später in der ersten Single zu ihrem Album »Renaissance« neue Töne an. In ihrem Song »Break my Soul« riet sie uns nach all den Jahren, in denen sie uns aufgefordert hatte, hart zu arbeiten, unsere Jobs zu kündigen. WTF war passiert? Ging es Beyoncé gut? Wurde sie mit vorgehaltener Waffe gezwungen, diesen Song aufzunehmen? Der Song ist ein absoluter Banger, aber ich glaubte ihr kein Wort – und fühlte mich dennoch von der Message des Songs abgeholt, da er perfekt zu meiner Lebenssituation im Jahr 2022 passte. »Break my Soul« war für mich ein weiterer genialer Coup von Queen Bey und bewies einmal mehr, dass sie erstens die Beste in ihrem Game ist, denn sie weiß, was ihre Fans bewegt. Und zweitens war der Track der Beweis dafür, wie sehr Popkultur und der Zustand der Welt sich gegenseitig beeinflussen. »Break my Soul« repräsentierte einen neuen State of Mind:

*»I just quit my job,*
*I'm gonna find new drive,*
*Damn, they work me so damn hard,*
*Work by nine, then off past five,*
*And they work my nerves,*
*That's why I cannot sleep at night«*

Like, wer's kennt!

Wir spulen zurück in die heiße Phase der Coronapandemie, deren Auswirkungen uns in vielfältiger Form noch lange begleiten werden: Da wären Masken, die schöne Gewissheit, dass Händeschütteln absolut out ist, das Normalisieren von Stubenhockertum – und ein Phänomen namens »Great Resignation«, in US-Medien oftmals auch »Anti-Work-Movement« oder »Big Quit« genannt. Das Phänomen beschreibt das seit Anfang 2021 massenweise und freiwillige Kündigen von (vor allem jungen) Arbeitnehmer*innen, die aus diversen Gründen unzufrieden waren – sei es aufgrund von niedrigen Löhnen oder beispielsweise unzureichend berücksichtigter Corona-Gefahr im Job. Aber auch mit fehlenden Zukunftsperspektiven, Mental-Health-Bedenken und der durch die Pandemie entstandenen Sinnfrage, wie man sein Jobleben fristen und für wen man arbeiten will, wurde man als Arbeitnehmer*in in dieser Zeit konfrontiert. Genauso wie mit der für viele älteren Kolleg*innen harten Wahrheit, dass Homeoffice eine angenehmere Art zu arbeiten sein kann und wir uns langsam, aber sicher von der Vorstellung lösen müssen, dass Effektivität im Job mit physischer Anwesenheit im deprimierenden Großraumbüro zusammenhängen muss.

Durch die Pandemie wurde vielen schmerzlich bewusst, dass das, wodurch wir uns seit Jahren als hart arbeitende Businessbabes definierten, schneller einstürzen könnte, als wir »Who Run the World? GIRLS!« brüllen konnten. Und das brachte uns (und mit uns meine ich eigentlich MICH) zum Nachdenken. War Arbeit vielleicht doch nicht alles?

Die Arbeitswelt ist nicht zuletzt aufgrund der Pandemie im Wandel, nicht einmal der realitätsverweigerndste Boomer kann das an dieser Stelle noch leugnen. An den Stühlen der Hustler*innen wird gesägt – und so pathetisch das auch klingt: Wir können die Treiber*innen dieser Veränderung sein und sie im Rahmen unserer Möglichkeiten mitgestalten.

## Die Great Resignation: Mehr als eine gefühlte Wahrheit

Blicke ich mich in meinem Bekanntenkreis und Umfeld um, höre ich immer wieder Geschichten von Menschen, die kündigen und durch den krassen Einschnitt der Pandemie ihre Prioritäten neu ordnen konnten. Auch ich bin eine davon, glaube ich. Nach mehreren Jahren in einer fixen Anstellung habe ich meinen Job ohne neue Stelle hingeworfen, und ich fühlte mich absolut crazy und wild dabei. Als ich meiner (Boomer-)Mutter von diesem Vorhaben erzählte, war sie erst einmal geschockt. Für sie war meine Unzufriedenheit auf den ersten Blick kein Grund, Stabilität und Sicherheit aufzugeben. Dennoch hat sie mich letzten Endes ermutigt, es zu tun.

Das Phänomen der Great Resignation brachte und bringt so einiges durcheinander – im besten Sinne. Eine*r von 20 Arbeitnehmer*innen im Vereinigten Königreich kündigte laut einer Studie übrigens in diesem Zusammenhang.[48] Und der *Harvard Business Review* nach herrscht unter 30- bis 45-jährigen Personen in Midlevel-Positionen der höchste Anstieg der Kündigungsrate,[49] während eine andere Befragung ergab, dass Millennial-Manager*innen im Vergleich zu älteren Generationen um 42 Prozent eher zugeben würden, ausgebrannt zu sein.[50] Wie *Politico* berichtet, zeigen Daten der OECD, dass in den 38 Mitgliedsstaaten der Organisation für wirtschaftliche Zusammenarbeit und Entwicklung etwa 20 Millionen Menschen weniger arbeiten als vor Corona.[51] Im Vergleich zu 2019 sind es zudem drei Millionen junge Menschen mehr, die keine Arbeit oder Ausbildung verfolgen.

Auch der große »Gen Z and Millennial Survey« von Deloitte, für den über 14 000 Zoomer und mehr als 8000 Millennials in 46 Ländern befragt wurden, befasst sich mit der Great Resignation und stellte fest, dass uns dieses Phänomen noch so einige Zeit erhalten bleiben wird.[52] So wollen vier von zehn Mitgliedern der Gen Z in den nächsten zwei Jahren ihre Jobs hinschmeißen. Ein Drittel würde dies sogar durchziehen, wenn sie noch keine andere Stelle in Aussicht hätten.

## Bye bye, Hustle Culture!

> »Phänomene wie Quiet Quitting und The Great Resignation haben etwas Gesundes. Überperformen im Job und der Glaube, dass wir nur gut sind, wenn wir aus unserem Leben etwas Besonderes machen, haben ein Ablaufdatum. Und das ist angesichts der Probleme, die auf uns zukommen, auch gut so. Wie wollen wir große gesellschaftliche Probleme lösen, wenn jeder mit der eigenen Karriere beschäftigt ist?«
>
> *Gender-Expertin und Consultant Marita Haas*

Nicht nur der Zustand der Welt, sondern auch die Ansprüche und Werte der Millennials und Gen Z spielen eine große Rolle für die Great Resignation. Wollen wir Überstunden schieben, nur damit unser Chef uns beim Verlassen des Büros anerkennend zunickt? Oder wollen wir lieber einen Job, nach dem wir abschalten und uns unserem Privatleben und uns selbst widmen können? Oder lieber doch einen Job mit Sinn – was auch immer das für jede*n von uns auf individueller Ebene bedeutet? Was ist mir wichtiger: eine 4-Tage-Woche, fettes Gehalt oder eine konstruktive und diskriminierungsfreie Arbeitskultur? Wie passt mein Job zu meinem Leben – und nicht umgekehrt? Wird ein Loch in meinem Lebenslauf meiner Karriere schaden oder ist sowieso schon alles egal, da wir auf das Ende der Welt, wie wir sie kennen, zusteuern?

Diese Fragen haben mich während der ersten beiden Jahre der Pandemie stark bewegt, nachdem ich seit Beginn meiner Karriere eine recht klassische Laufbahn verfolgt hatte und nach Werten wie Status und Geld strebte. Damit ging es mir nicht immer gut, weil ich andere Bedürfnisse spürte, die in der Jobwelt wenig Platz fanden. Ich wollte mich gut und gesund fühlen, Zeit und Kopf für Dinge abseits des Büros haben, und hatte keinen Bock, ständig erreichbar sein zu müssen. Aber erst der Break, den uns alle diese gottverdammte Pandemie einzulegen zwang, ließ mich realisieren, dass ich etwas ändern konnte. Ich hatte das, was man gemeinhin als »guten« Job bezeichnen würde, aber auch das änderte nichts daran, dass mich der Corporate Lifestyle grenzenlos frustrierte, diese elendigen Meetings, die eine E-Mail hätten sein können, und das Gefühl, ein jederzeit ersetzbares kleines Zahnrad in einer starren Maschinerie zu sein. Ich war somit offiziell eine von denjenigen verwöhnten Millennial-Snowflakes, die »nicht mehr arbeiten wollen«. Und obwohl diese Feststellung offensichtlich nichts Neues war und es schon vor Ewigkeiten die Gemüter erhitzte, dass Menschen es wagten, sich aus verschiedenen Gründen gegen ihre Jobs aufzulehnen oder diese zu kündigen, hatte sich eines verändert: Heute scheint es für viele bereits völlig OK zu sein, deutlich weniger oder eben anders zu arbeiten. So gut wie niemand verurteilte mich trotz meiner anfänglichen Angst dafür, dass ich meinen Job ohne weitere Gründe gekündigt habe und keinen Plan hatte, was ich nach Ablauf der Kündigungsfrist machen würde. Ich musste niemandem mehr vormachen, dass ich meinen Job, der für mich eher eine pragmatische Angelegenheit war, liebte und jede Minute im Büro genoss. Ein viraler Tweet von @colesucks traf mich mitten ins Herz: »No more girlbossing, I want to girlrest, girlsleep, girllaydown etc.«[53] Ja, das will ich! Wo kann ich unterschreiben?

## Nicht jede*r kann es sich leisten aufzugeben

Dass ich eine solche Entscheidung überhaupt treffen konnte, ist ein Privileg, das nicht jedem*r zuteilwird. Aus meiner ganz persönlichen Sicht war es toll und befreiend, dass ich überdenken konnte, wie ich arbeiten will. Viel wichtiger, als sich als Individuum der Hustle Culture zu entziehen oder sie zumindest zu hinterfragen, ist aber, herauszufinden, wie unser System menschenfreundlicher in jeder Hinsicht werden kann. Gerechter, offener für Veränderung, gesünder für uns alle.

Hier nur beim Individuum anzusetzen, wäre (wie so oft) ein grober Fehler. Natürlich können manche von uns ein Zeichen setzen und ihren öden, ungerechten, ungesunden Job hinschmeißen, ein neues Leben anfangen und weniger arbeiten. Aber wir dürfen dabei nicht vergessen, dass dieser Teil der Great Resignation einer sehr privilegierten Gruppe vorbehalten bleibt.

Fakt ist, dass die Great Resignation von Frauen angetrieben wird – und nicht alle von ihnen geben ihre Jobs so freiwillig auf wie ich. Seit Beginn der Pandemie haben Frauen doppelt so häufig die Sphäre der Erwerbsarbeit verlassen wie Männer – und sicherlich nicht alle von ihnen begeben sich auf berufliche Sinnsuche und halten jeden Abend in ihren Mindfulness-Tagebüchern fest, wofür sie heute dankbar waren. In der romantischen Erzählung der Great Resignation, des großen Umsturzes unserer Arbeitswelt, wird nämlich oftmals vergessen, dass durch die Pandemie beispielsweise vor allem Mütter aus dem Arbeitsmarkt gedrängt wurden. Laut einer Umfrage von Seramount hat etwa ein Drittel aller arbeitenden Mütter in den USA das Ausmaß der Erwerbsarbeit zurückgeschraubt – einfach weil sie mussten.[54] Care-Verpflichtungen in der Familie, fehlende Kinderbetreuung, geschlossene Schulen, you name it.

In Österreich kam es aufgrund der Coronapandemie beispielsweise zu einem starken Personalmangel in Kindergärten und anderen Betreuungseinrichtungen. In der Folge ging die Zahl der Kindergartenplätze, die mit einem Vollzeitjob vereinbar sind, stark zurück.[55] Frauen, die aufgrund solcher Pandemiefolgen ihre berufliche Laufbahn vielleicht umlenken mussten, sind Teil der Great Resignation. Allerdings bedeuteten für sie die Lockdowns nicht mehr Zeit für Selfcare und Introspektion, sondern mehr unbezahlte Pflegearbeit. Somit hat die Coronapandemie ohnehin bestehende Ungerechtigkeiten am Arbeitsmarkt noch verschärft. Während der Pandemie haben laut Schätzungen des Global Gender Gap Index fünf Prozent aller Frauen ihre Jobs verloren, während dies auf 3,9 Prozent der Männer zutrifft.[56] Führungspositionen wurden außerdem seltener mit Frauen besetzt –

was den Fortschritt in einigen Branchen in dieser Hinsicht um ein bis zwei Jahre zurücksetzt.

Auch Burn-out spielt eine große Rolle in der großen »She-Cession«. Laut der Deloitte-Studie »Women @ Work 2022: A Global Outlook« wollen nur zehn Prozent der befragten Frauen länger als fünf Jahre in ihrem aktuellen Job bleiben.[57] Mit 38 Prozent der am häufigsten genannte Grund für einen Jobwechsel ist ein Burn-out, gefolgt von unzureichender Bezahlung (27 %) und fehlenden Aufstiegschancen (13 %).

## Die stillen Held*innen

Aber nicht alle, die mit ihren Jobs unzufrieden sind, kündigen direkt ihre Jobs, von denen ihre Existenz abhängt und die sie unter Umständen ja grundsätzlich sogar gerne machen. Manche distanzieren sich eher innerlich und beschließen für sich, nicht mehr nach den Regeln der Hustle Culture zu spielen. Überstunden, Erreichbarkeit außerhalb der Arbeitszeit und ein unmenschlicher Workload: Das sind nur ein paar der Gründe für ein Phänomen namens Quiet Quitting (im Deutschen bekannt als »innerliche Kündigung«), das ebenso wie die Great Resignation in erster Linie junge Menschen betrifft. Quiet Quitter realisieren, dass sie nicht mehr so arbeiten wollen, wie es bisher üblich war, und entschließen sich deshalb, nicht mehr zu leisten, als ihr Vertrag es von ihnen verlangt. Außerdem kommen sie damit dem Bedürfnis nach, ihren Job, ihre Identität und ihr Privatleben klar voneinander abzugrenzen.

Vor allem jüngere Millennials und die Gen Z sind von wachsender Unzufriedenheit mit der eigenen Arbeit betroffen – und werden so zu Quiet Quittern. Laut einer Untersuchung von Gallup ist das Phänomen eindeutig den Post-Pandemie-Jahren zuzuordnen: Seit der Pandemie würden sich immer weniger junge Arbeitnehmer*innen so fühlen, als würden sich ihre Arbeitgeber*innen um sie scheren oder ihnen Möglichkeiten zur Weiterentwicklung bieten. Meist betreffe ihr Unmut ihre direkten Vorgesetzten, heißt es.[58] Vor diesem Hintergrund wäre Quiet Quitting keine Laune von überempfindlichen Snowflakes, sondern meist ein Anzeichen von schlechtem Management. Laut Daten, die in der *Harvard Business Review* veröffentlicht wurden, haben weniger gute Vorgesetzte drei- oder viermal so viele Quiet Quitter in ihren Teams.[59]

Das Phänomen entfachte eine riesige Diskussion über die sogenannte Extrameile, also die Arbeit, die Arbeitgeber*innen von uns zwar wie selbstverständlich verlangen, die aber weder Teil unseres Aufgabenbereichs ist noch entsprechend bezahlt wird. Die Expertin Haas empfindet Quiet Quitting als Befund dafür, wie überholt unsere Vorstellung von Arbeit heute ist. Und dafür, dass Unternehmen es oftmals verschlafen, einzugreifen, bevor sich ein Problem zuspitzt: »Die Diskussion um Quiet Quitting zeigt, dass ein Mehr an Arbeit erwartet wird, was ich extrem problematisch und nicht fair finde. Und: Wenn ich erwarte, dass Mitarbeiter*innen sich engagieren, ihre Netzwerke heranziehen und Extra-Projekte annehmen, dann muss ich umgekehrt auch bereit sein, etwas zu geben. Und dort sind wir definitiv noch nicht angekommen. Es ist eine Old-School-Idee, dass mehr im Unternehmen verbrachte Zeit automatisch besser ist. Es ist auch für die Unternehmen nicht besser, denn irgendwann wirst du unter dem mangelnden Ausgleich leiden – und somit auch die Organisation, in der du arbeitest.« Quiet Quitting sei eine individualisierte Lösung für ein Problem, das eigentlich in den Strukturen der Unternehmen begraben liege, um das sich die Unternehmen jedoch nicht kümmern. Also nehmen so manche Arbeitnehmer*innen das Problem selbst in die Hand.

Ein wichtiger Punkt dabei ist, dass diese unbezahlte Extraarbeit oftmals Frauen aufgehalst wird. Laut dem Buch »The No Club: Putting a Stop to Women's Dead-End Work« wird von Frauen überdurchschnittlich oft erwartet, dass sie die Tasks erledigen, auf die niemand anderes Lust hat. Viele von euch werden es kennen: das Organisieren von Büro-Geburtstagen, Gespräche mit Kund*innen, auf die die anderen keinen Bock haben, oder andere lästige Erledigungen, die wie durch ein Wunder plötzlich auf eurer To-do-Liste landen. Denkt ihr, das sei Zufall, dass immer ihr diese Dinge zugeschoben bekommt und nie euer Kollege? Für den sei es übrigens besonders einfach, Nein zu diesen Aufgaben zu sagen, erklären die Autor*innen von »The No Club«. Denn ein Nein von Männern habe meist keine Konsequenzen – für Frauen oftmals schon.

Laut Studien sind nicht nur Frauen, sondern People of Color besonders stark belastet von Extraaufgaben dieser Art.[60] Gleichzeitig sind Women of Color stärker von Burnouts am Arbeitsplatz betroffen und weniger offen dafür, ihre mentale Gesundheit dort anzusprechen. Somit wird der Workload zu einem intersektionalen Problem. Wie auf der Webseite von UN Women zu lesen ist, bedeutet intersektionaler Feminismus, »die Stimmen derjenigen zu hören, die überlappende, gleichzeitige Formen der Unterdrückung erleben« – mit dem Ziel, deren Diskriminierungserfahrungen zu verstehen.[61] Eine weiße, privilegierte und normschöne Frau wird demnach zwar aufgrund ihres Frauseins diskriminiert, nicht jedoch automatisch aufgrund ihrer ethnischen Herkunft, ihres Körpers oder ihrer sozialen Klasse. Eine Woman of Color, eine Frau mit körperlicher Behinderung oder eine Frau, die in Armut lebt, werden nicht nur aufgrund ihres Geschlechts, sondern möglicherweise auch noch aufgrund dieser anderen Kategorien benachteiligt. Bei ihnen überschneiden sich also diese sogenannten Diskriminierungskategorien. Was also tun, wenn man merkt, dass gewisse On-top-Aufgaben immer dieselben Personen treffen und somit zu einem Symptom struktureller Benachteiligung werden? Ein Tipp von Marita Haas: Setzt euch in eurem Team dafür ein, dass für jeden Office-Geburtstag ein anderes Teammitglied verantwortlich ist – nicht immer dieselbe Kollegin.

## The Power of #QuitTok

Der Wunsch nach kürzeren Arbeitszeiten und einem anderen Verhältnis zum Job ist nichts Neues – lediglich der klingende Name Quiet Quitting ist hieran neu. So richtig auf den Plan gebracht wurde das Phänomen von einem viralen TikTok-Video des Users Zaid Khan. Zaid ruft darin dazu auf, den eigenen Wert nicht mehr über die Arbeit zu definieren, und erklärt Quiet Quitting zur Lösung des Problems. Alte Weisheiten kommen nun im Gewand eines stylishen, neuen und längst überfälligen Jobtrends daher, der uns dabei hilft, unsere eigenen Grenzen zu wahren. Plötzlich ist es in, »Dienst nach Vorschrift« zu machen – und das dank #QuitTok, einer Nische im Internet voller TikToks von desillusionierten und überarbeiteten Millennials und Zoomern. Sie haben uns während der Pandemie mit zahllosen relatable Memes zu Corporate-Lifestyle, Millennial-Anxiety und anderen Widrigkeiten des Joblebens versorgt. Dir gehen deine Kolleg*innen auf die Eierstöcke, die dich einfach so aus dem Nichts und ohne vorherige Ankündigung via Teams anrufen? Es gibt mit Sicherheit ein TikTok darüber. Du tust lediglich für deine Calls so, als wärst du ein funktionierender Mensch, und nach deinem täglichen Meeting verlegst du deinen Arbeitsplatz auf die Couch, weil du eigentlich völlig ausgebrannt bist? Keine Sorge, du bist nicht alleine! Dein Chef zwingt euch alle, zurück ins Büro zu kommen, obwohl das neueste Corona-Sequel gerade durch die Bevölkerung rauscht? There's a Meme for that!

Der Tenor all dieser Memes: Die Zeit der Hustle Culture ist vorbei, denn wir sind viele. Plötzlich ist es nichts Verwerfliches mehr zuzugeben, dass man manchmal im Homeoffice heimlich Netflix schaut, denn wir wissen nun, die Struggles, die wir erleben, haben System und unsere kollektive Unzufriedenheit und Ausgebranntheit das Potenzial, etwas zu verändern. Wo wir wieder bei einem der Hauptaspekte von erfolgreichen Memes wären: Sie verbinden uns und bestätigen den Spruch, den ihr sicher schon das eine oder andere Mal von eurer Mutter gehört habt: Geteiltes Leid ist halbes Leid.

TikToks, die unter dem Hashtag #QuitTok viral gehen, beschäftigen sich oft auf eine sehr galgenhumorige, pragmatische Art und Weise mit dem Thema Arbeit. Fast könnte man sagen, sie strahlen einen gewissen Nihilismus aus. Nothing matters und die Welt ist ohnehin im Arsch, also warum sollten wir nicht endlich ehrlich über unsere Jobs sprechen, uns dem Wahnwitz hingeben und verstehen, dass unsere Jobs nicht unser Leben sein müssen? Vor einigen Jahren wäre diese Art von Humor doch undenkbar gewesen, oder? Ich bin froh, dass sich das langsam, aber sicher ändert. Mir haben solche TikToks und auch Memes zum Thema Arbeit schon sehr oft geholfen, mit Stress und unangenehmen Situationen umzugehen – und sogar dabei, über schmerzhafte Erlebnisse zu lachen. Kein Wunder: Memes sind nicht nur lustige kleine Bildchen ohne tiefere Bedeutung, sondern haben einen weiteren wichtigen Effekt auf uns. Sie führen dazu, dass wir uns verstanden fühlen. Forschungen zeigen sogar, dass sich in marginalisierten Gruppen wie beispielsweise der LGBTQI+-Community durch Memes eine Art kollektiver Identität bilden kann.[62] Memes sind neben einem Tool zur Selbstinszenierung auf Social Media auch der Kitt, der eine verzweifelte Masse an Millennials und Zoomern miteinander verbindet und uns allen das Gefühl gibt, dass wir nicht alleine mit unseren Struggles, verschrobenen Humorvorlieben und Gefühlen sind, sondern zu einer großen Gruppe Gleichgesinnter gehören, die gerade auf der ganzen Welt verteilt in ihre Smartphones starren und über denselben One-Liner lachen. Nicht zu vergessen: Memes bilden häufig die Probleme der Gesellschaft ab, mit denen sich vor allem junge Menschen gerade beschäftigen, und helfen zumindest mir oftmals, meine Gedanken und Gefühle auszudrücken, ohne selbst die richtigen Worte finden zu müssen.

Einer der wohl erfolgreichsten TikToker*innen, die sich regelmäßig mit dem Millennial-Jobleben beschäftigen, ist Rod Thill. Seine über 1,5 Millionen Follower*innen erfreuen sich regelmäßig an seinen fast schon schmerzhaft ehrlichen Clips, in denen er sich über Arbeitskolleg*innen, Chef*innen und seine Anxietys, die meistens mit einer dieser beiden Gruppen zu tun haben, auslässt. »Wir Millennials treten gerade in unsere ›Corporate Bösewicht‹-Ära ein, in der wir verstehen, dass unsere Jobs nicht unsere komplette Persönlichkeit sein müssen, und wir unsere Mental Health priorisieren«, schrieb Rod beispielsweise in einem seiner Clips. »Corporate Villain Era« wurde schnell zu einem geflügelten Wort auf der Plattform und junge Menschen nutzten das Meme, um ihr absolut teuflisches Gefühl zu beschreiben, wenn sie schon um 16:58 Uhr das Büro verlassen. Rods Videos sind selbstredend satirische Zuspitzungen und stellen seinen Arbeitsalltag übertrieben dar. Es wäre jedoch eine Lüge, zu behaupten, dass mir nicht die eine oder andere Situation bekannt vorkommt. »Wenn mein Co-Worker mir schon vor meinem ersten Kaffee auf die Nerven geht« – muss ich noch mehr sagen? Rod und sein großer Erfolg sind der lebende (und sehr zeitgeistige) Beweis dafür, dass der Wahnsinn für uns alle zur Normalität geworden ist und der Corporate Job von Rod, der in den USA lebt, genauso toxisch und veraltet sein kann wie unser eigener. »Das Beste ist, ich kann dazu beitragen, dass die Menschen sich mit ihren Ängsten gesehen fühlen. Und ich fühle mich auch gesehen. Ich dachte, ich sei mit meiner Anxiety allein. Aber jetzt weiß ich, dass ich nicht verrückt bin«, erklärte Rod in einem Interview.[63] An anderer Stelle sagte Rod: »Als ich realisiert habe, dass mein Karriereweg und mein Leben in meiner Hand liegen, hat sich alles geändert.«[64] Aber wie jedes gute Meme verschafft uns Rod nicht bloß ein Gefühl von Zugehörigkeit, sondern ehrliche Videos und Memes wie seine lassen uns möglicherweise Facetten unserer Jobs hinterfragen, die wir vorher als gegeben hingenommen haben; oft ohne darüber nachzudenken, ob wir vielleicht etwas dagegen unternehmen könnten. Gegenüber *VOX* bezeichnete ein HR-Manager diese Entwicklungen (angelehnt an den Begriff der Great Resignation) treffend als »Great Reflection«.[65]

»I don't have goals. I don't have ambition. I only want to be attractiv.« (Ich habe keine Ziele. Ich habe keine Ambitionen. Ich will einfach nur attraktiv sein) oder »I have no dream job, I do not dream of labour« (Ich habe keinen Traumjob. Ich träume nicht von Erwerbsarbeit): Beide Statements sind virale, zukunftsverdrossene TikTok-Phrasen, die im aktuellen gesellschaftlichen Klima offensichtlich einen Nerv treffen und betonen, dass Arbeit heute für viele nicht mehr ist als ein Mittel, um Geld zu verdienen. Hustle Culture ist out. »Ich will einfach nur ein langsames Leben leben, mit meinem Lover in einem weichen Bett aus Moos liegen und Bücher lesen« lautet der Text eines weiteren viralen TikToks – und ganz ehrlich, wer möchte DAS nicht?

Es gibt da aber auch noch die andere, dunkle Seite namens #CorporateTikTok, wo User*innen teilen, was sie vor Beginn ihres Arbeitstages bereits alles geschafft haben, und uns zum Klang des neuesten viralen TikTok-Hits erklären, mithilfe welcher Produktivitäts-Hacks sie ihr Leben organisieren. Und auch das ist völlig in Ordnung. Nicht jede*r von uns muss ein absolut systemkritischer Meme-Lord sein, und nicht jede*r muss Statements wie »Ich träume nicht von Lohnarbeit« witzig finden oder gar unterschreiben. Die Hustle Culture ist noch längst nicht tot – und ganz ehrlich, wie könnte sie das auch sein? Alle Menschen in diesem System brauchen Geld, um ihre Miete zu zahlen, und Fortschritt oder Veränderung passieren auch nicht von einem Tag auf den anderen, sondern gehen langsam, vielleicht sogar schleichend voran. Dass Memes eine Rolle bei dieser Veränderung spielen können und uns dabei helfen, unser Leben als arbeitende Individuen zu hinterfragen, ist doch irgendwie im besten Sinne absolut irre, oder? Vielleicht war es noch nie so einfach, unter dem Deckmantel eines kleinen Internet-Gags Kritik an unserer Gesellschaft, an einem toxischen, sexistischen, patriarchalen System zu üben. Egal ob als Meme-Creator*in oder als Konsument*in, die oder der ein Meme teilt – oder im Stillen darüber lacht und sich Gedanken über das Leben macht.

Natürlich ist mir bewusst, dass Social Media und die Tatsache, dass im Netz jede*r seine und ihre Hirnfürze mit der Welt teilen kann, auch gefährlich sein kann; dass Netzwerke wie TikTok durchaus kritisch zu betrachten sind und mehr Macht über unsere Gesellschaft haben, als uns lieb ist. Dennoch steht ganz abgesehen davon auch fest, dass gewisse Bubbles wie zum Beispiel #QuitTok einen erheblichen Beitrag zu gesellschaftlicher Veränderung leisten können und am goldenen Thron der Hustle Culture sägen. Denn plötzlich ist es kein verpöntes Eingeständnis von Faulheit und

Nutzlosigkeit mehr, wenn man ausspricht, einfach keinen Bock mehr auf seine Arbeit zu haben oder seine Vorgesetzten heimlich zu verachten. Und dieses verbindende Element ist in Zeiten der grenzenlosen Individualisierung doch nicht nichts. Im Gegenteil: Damit können wir arbeiten.

## Ein notwendiger Wachstumsschmerz

Im Netz und in den Medien sorgt das Phänomen Quiet Quitting für hitzige Diskussionen. Manche sehen darin eine notwendige Entwicklung, andere lediglich einen weiteren Beweis für die ewige »Niemand will mehr arbeiten«-Leier. Aber warum triggert die Debatte um Phänomene wie Quiet Quitting eigentlich so viele Menschen? Twitter-User @SeinKind bringt es auf den Punkt, wie ich finde: »Die deutsche Übersetzung für #QuietQuitting ist übrigens Selbstfürsorge. Und ich finde es bedenklich, dass das Erbringen der vertraglich vereinbarten und vergüteten Arbeitsleistung als etwas so Negatives und Unmögliches dargestellt wird.«[66] Word! »Das Einzige, was wir diskutieren sollten, ist, warum das Wort ›kündigen‹ verwendet wird, wenn Personen angestellt sind und einfach nur ihren Job machen«, sagte Ed Zitron, CEO einer Start-up-Consulting-Firma, gegenüber dem US-Radiosender NPR.[67] Er erklärte außerdem, dass die Debatte dazu führe, Arbeitnehmer*innen zu »dämonisieren«, die lediglich ihre Jobs machen wollen, ohne ihr ganzes Leben dafür aufzuopfern und unbezahlte Tasks zu erledigen. Und hier sollten die Arbeitgeber*innen ansetzen: Zitron rät denjenigen, die sich um Quiet Quitter in ihren

Reihen Sorgen machen, schlichtweg dazu, Angestellte für Mehrarbeit eben zu bezahlen. So einfach könnte es gehen, liebe Arbeitgeber*innen!

Abgesehen von der Frage, wie wir uns selbst dem bestehenden System der Lohnarbeit entziehen oder unsere Position darin reflektieren können, ist es überaus wichtig, den Blick auf genau dieses System zu richten. Die Great Resignation und ihre Auswirkungen betreffen natürlich nicht nur unsere Leben als Arbeitnehmer*innen, sondern auch die von unseren Arbeitgeber*innen, Vorgesetzten und den Konzernen, für deren Profit wir arbeiten. Die Ansprüche und Wünsche der Gen Y und Z verändern sich – und auch wenn unser kapitalistisches System lange Zeit so funktioniert hat, dass wir uns den Bedürfnissen der Unternehmen anpassen mussten, so scheint sich auch diese Tatsache in so manchen Branchen langsam, aber sicher zu verändern. Im August 2022 gab es in Österreich ein All-Time-High mit etwa 300 000 offenen Stellen, 80 Prozent der Unternehmen gaben an, Probleme bei der Personalsuche zu haben. Das betraf verschiedene Branchen wie zum Beispiel die Gastronomie, den Handel oder die Industrie. Laut Arbeitsmarktservice-Chef Johannes Kopf müssen die Firmen in dieser Situation »tanzen«, um eine*n qualifizierte*n Bewerber*in zu bekommen, wie der *Standard* zitiert.[68] Plötzlich scheint es, als müssten sich unsere Arbeitgeber*innen bei uns bewerben und nicht mehr umgekehrt. Ihr wollt mein menschliches Kapital, meine Arbeitskraft, meine drei größten Stärken? Dann packt doch erst mal aus, was ihr abgesehen von einem Obstkorb so draufhabt! Meine DMs sind offen. Das muss diese unsichtbare Hand des Marktes sein, von der immer alle reden.

Gender-Expertin Marita Haas sieht Entwicklungen wie die Great Resignation ebenfalls als Möglichkeit für Unternehmen umzudenken, gibt jedoch auch zu bedenken, was derartige Phänomene über den Zustand unserer Gesellschaft aussagen: »Diese Resignation hat oft damit zu tun, dass die Organisation, in der man arbeitet, nicht in Ordnung für einen selbst ist. Die wachsende Individualisierung hat dazu geführt, dass ich als Person nur noch auf individueller Basis entscheide, ob etwas für mich passt. Im Alltag vergessen wir oft, dass wir mehr sind als ein Individuum. Die Great Resignation ist aber eine Chance für Unternehmen, zu vermitteln, dass man eine Arbeitsgemeinschaft ist, gut zusammenarbeitet und wissen will, was für die Mitarbeiter*innen machbar ist – und was nicht. Dadurch könnte man Loyalität erzeugen und gibt den Arbeitnehmer*innen auch die Chance mitzugestalten. Das wird im Moment noch vernachlässigt. Die Arbeitgeber*innen handeln oftmals zu spät: Wir erleben oft, dass eine Person kündigen will und schließlich die Arbeitgeber*innen sagen ›Überleg's dir noch mal, wir können dir dies und das anbieten‹. Wenn ich jemandem etwas am Ende anbieten würde, warum dann nicht gleich?«

Grundsätzlich bin ich kein besonders optimistischer Mensch. Der Zustand der Welt versetzt mich regelmäßig in Weltschmerz, den nur ein »Gilmore Girls«-Rewatch lindern kann, und auch sonst gehe ich lieber vom Schlimmsten aus, um nicht enttäuscht zu werden. Aber geht es um die Great Resignation und die Entwicklungen, die unter diesem Begriff zusammengefasst werden, macht sich ein kleiner Serotonin-Kick in meinen Hirnwindungen bemerkbar (das funktioniert doch so, oder?). Der Big Quit zeigt uns unmissverständlich, was falsch läuft und was die Generationen vor uns in den letzten Jahrzehnten so richtig abgefuckt haben. Wir sehen die Ungerechtigkeiten, Fehlschlüsse und Probleme der Arbeitswelt gerade deutlicher vor uns, als uns allen lieb ist. Und all die Wut, all die Bereitschaft, unsere Arbeitswelt zu hinterfragen, sind für mich der Beweis, dass wir Millennials und auch die Zoomer doch nicht so *dead inside* sind, wie wir mithilfe von schwarzhumorigen Memes gerne betonen. Das hier könnte der Anfang von etwas sein, das die Regeln, nach denen wir spielen müssen, um Geld zu verdienen und das Leben zu führen, das wir wollen, umschreibt.

## 3 Red Flags, auf die du bei Arbeitgeber*innen achten solltest – laut Expertin Marita Haas:

- Der Recruiting-Prozess: Du solltest die Chance haben, das Team, in dem du arbeiten wirst, wirklich kennenzulernen und zu verstehen, wie der Alltag in deinem neuen Job aussieht.

- Das Bewerbungsgespräch: Läuft das Bewerbungsgespräch sehr klassisch ab und du fühlst dich wie bei einer Prüfung? Das ist eher ein Indikator für Hierarchie und weniger für Partizipation.

- Der zwischenmenschliche Umgang: Wenn du schon in den ersten Tagen nichtwertschätzende Sprache erlebst oder schnell klar wird, dass Diskriminierung nicht unterbunden wird, dann ist das definitiv ein Warnsignal.

# MY ANXIETY IS CHRONIC BUT MY PERFORMANCE AT WORK IS ICONIC

Erinnert ihr euch, als die US-amerikanische Turnerin Simone Biles ihre Teilnahme an den Olympischen Spielen abbrach – wegen ihrer psychischen Gesundheit? Ich will ganz ehrlich mit euch sein: Ich bin keine sportbegeisterte Person und nichts könnte mir egaler sein als die Olympischen Spiele, aber dieses Statement von Biles schlug so hohe Wellen, dass ihre Botschaft sogar mich erreichte: Kümmere dich um dich selbst, denn wenn es dir nicht gut geht, ist auch der größte Erfolg wertlos.

Das ist eine Erkenntnis, die ich gerne früher in meinem Leben gehabt hätte. Als ich Teenie, Schülerin, Studentin, Praktikantin und Berufseinsteigerin war, interessierte sich kein Mensch für das Thema Mental Health – oder zumindest sprach niemand darüber. Niemand warnte mich vor den Gefahren, die ein offensiver Onlineauftritt mit sich bringt, klärte mich über die psychische Belastung durch Online-Hate auf oder machte mich darauf aufmerksam, dass ich möglicherweise zu viel zu schnell machte. Nach einer Arbeitswoche mit mindestens 40 Stunden, Haushalt und allem, was man wohl unter »Aufgaben des Erwachsenenlebens« zusammenfassen kann, blieben nicht mehr allzu viele Ressourcen für richtiges Abschalten und die Erholung, die ich rückblickend betrachtet gebraucht hätte. Wenn ich mir den Content und die neuen Star-Vorbilder ansehe, die in den letzten Jahren groß geworden sind und ihre Reichweite nutzen, bin ich fast ein bisschen neidisch. Was hätte ich gegeben, um jemanden wie Billie Eilish oder Selena Gomez im TV zu sehen, die regelmäßig über ihre eigenen Issues sprechen und somit einen riesigen Beitrag zur Enttabuisierung mentaler Probleme und Erkrankungen leisten, und so zu lernen, dass die mentale Gesundheit genauso wichtig ist wie die körperliche. Und dass man schneller ausbrennt, als man von sich selbst erwarten würde.

Mental Health spielt in der öffentlichen Wahrnehmung heute zum Glück eine immer größere Rolle und kommt langsam im medialen Mainstream an – auch dank der vielen Stars, die unsere Insta-Feeds mit Mental-Health-Informationen oder eben ihren eigenen Erfahrungen fluten. Dass das manchmal auch gehörig in die Hose gehen kann, um es diplomatisch auszudrücken, bewies uns Influencerin Cathy Hummels im November 2022: Sie sorgte mit mehreren Posts zu mentaler Gesundheit für einen Shitstorm, nachdem sie Rabattcodes für Sonnenbrillen in einem Post zum Thema Depression verwurstete und ans Ende eines Videos die weltverändernde Botschaft »Love Yourself« setzte.

Zum Glück gibt es da draußen jedoch den einen oder anderen Celebrity, der das Thema anders aufgreift. Egal ob

Megan Thee Stallion, die nicht nur in ihrem Song »Anxiety« über ihre Erlebnisse rappt, sondern für ihre Fans außerdem eine Webseite namens »Bad Bitches have Bad Days too« mit Informationen und Anlaufstellen rund um mentale Gesundheit und Gratis-Therapieplätze gelauncht hat. Sei es Ariana Grande, die in »breathin« über eine Panikattacke singt. Oder Lady Gaga, die nicht müde wird, über die Relevanz von psychischer Gesundheit zu sprechen, in ihren Songs immer wieder ihre eigenen Struggles thematisiert, sich mit ihrer Born This Way Foundation sogar für die mentale Gesundheit von jungen Menschen einsetzt und sich auf die Fahnen schreibt, das Stigma rund um psychische Gesundheit beseitigen zu wollen.

Hört man von älteren Semestern immer wieder die Annahme, dass Therapie etwas für »Verrückte« sei, ist es in meinem Freund*innenkreis völlig normal, sich gegenseitig von seiner letzten Therapiesitzung zu erzählen. Oder über seine Ängste und Zwänge zu sprechen, die einem das Leben immer mal wieder schwer machen und uns vielleicht dazu bringen, 20-mal zu kontrollieren, ob unser Glätteisen aus oder die Wohnungstür auch wirklich zu ist. Denn obwohl es sich oftmals nicht so anfühlt, sind wir mit unseren Problemen ganz und gar nicht allein: In der EU sind 50 Millionen Menschen von Depression, Erschöpfung oder Suchterkrankungen betroffen.[69] Laut der Deloitte-Umfrage »The mental health of GenZs and Millennials in the new world of work« aus dem Jahr 2022 sind unglaublich viele Millennials und auch Zoomer täglich von Anxiety und Stress betroffen, vor allem ausgelöst durch Sorgen um Zukunft oder Finanzen.[70] 46 Prozent der Befragten aus der Gen Z gaben an, dass sie die meiste Zeit gestresst oder ängstlich seien, während dies bei 38 Prozent der Millennials der Fall ist.

Ein Faktor, der unsere mentale Gesundheit maßgeblich beeinflusst, ist unser Job. Ein Fakt, den viele Arbeitgeber*innen nur allzu gerne ignorieren, was ihnen zum Verhängnis wird: 15 Prozent aller Fehltage am Arbeitsplatz gehen in der EU auf psychische Erkrankungen zurück. Das klingt an sich noch nicht nach besonders viel, jedoch beträgt die Dauer der psychisch bedingten Krankenstände im Durchschnitt 36 Tage – bei anderen, nicht psychischen Krankheiten liegt diese Dauer bei zwölf Tagen. 34 Prozent der Gen Z gaben im Rahmen der Deloitte-Umfrage an, dass der tägliche Workload maßgeblich zu ihrem Stresslevel beitrage, genauso wie eine mangelnde Work-Life-Balance (32 Prozent). Besonders spannend: Eine von vier befragten Gen-Z-Personen gab an, dass es sie belaste, bei der Arbeit nicht sie selbst sein zu können.

Eine der Folgen: Burn-out. 46 Prozent der Gen Z und 45 Prozent der Millennials fühlen sich aufgrund ihrer Arbeitsbelastung ausgebrannt. Und 44 Prozent der Gen-Z-Befragten gaben an, dass Kolleg*innen aus diesem Grund ihren Arbeitsplatz verlassen hätten.

## Abgrenzung, Wut und Mental Load

Frauen fühlen sich übrigens noch gestresster als ihre männlichen Kollegen, also besteht auch hier ein Gender Gap, der unter anderem auf mentale Last durch ungleiche Bezahlung, Sexismus oder Doppelbelastung bei der Arbeit und im Privatleben zurückzuführen ist. Auch das Unternehmen, in dem man arbeitet, spielt eine Rolle: Sind Frauen in einem Unternehmen tätig, das sich gender-inklusiv verhält, steht es laut Deloitte besser um die mentale Gesundheit von Frauen und auch um die Loyalität gegenüber der Firma, die Frauen verspüren. Grundsätzlich sind Frauen im Gegensatz zu Männern eher gefährdet, an Depressionen zu erkranken. Auch das Risiko einer generalisierten Angststörung liegt für Frauen höher.

Laut der Wiener Psychotherapeutin Julia Schick unterscheiden sich die Ursachen für durch den Job ausgelöste psychische Belastungen wie Erschöpfungs- oder Angstzustände bis hin zu Depressionen, Burn-out oder Panikattacken zwischen Männern und Frauen stark: »Frauen haben beispielsweise am Arbeitsplatz verstärkt mit Stereotypen zu kämpfen. Es gibt Studien, die zeigen, dass Männern im Job mehr Kompetenz zugesprochen wird als Frauen. Diese Stereotype wirken sich stark auf das Selbstbild von Frauen und Männern aus. Frauen zweifeln tendenziell stärker an ihrer Kompetenz und ihren Fähigkeiten.« Das sei zum Beispiel ein Grund, warum es oftmals großer Überzeugungsarbeit bedarf, um eine Frau als Speakerin oder Expertin zu gewinnen. Dadurch, dass hohe Positionen immer noch stark männlich dominiert seien, fehle Unternehmen oft der weibliche Blick, der helfen könne, die Bedürfnisse von Mitarbeiterinnen zu erkennen.

Natürlich dürfen wir auch beim Thema Mental Health nicht vergessen, dass wir hier von einem Konstrukt sprechen, das man aus einem intersektionalen Blickwinkel betrachten sollte. Unsere mentale Gesundheit hängt nicht nur mit unseren geschlechtsbezogenen Erfahrungen zusammen, sondern beispielsweise auch mit Rassismus- oder anderen Diskriminierungserfahrungen. Ein Beispiel: Schwarze amerikanische Frauen, die aufgrund der Überschneidung von Sexismus und Rassismus eher schlecht bezahlten Jobs, erhöhten Gesundheitsrisiken und daraus resultierenden Mehrbelastungen ausgesetzt sind, leiden doppelt so häufig an Depressionen wie Schwarze amerikanische Männer.[71] Oder: Über 51 Prozent der trans Frauen in den USA leiden an Depressionen, während der gesamtgesellschaftliche Durchschnitt bei circa 16 Prozent liegt.[72]

In einem viralen Essay für *Buzzfeed* bezeichnete Anne Helen Petersen Millennials als die »Burn-out-Generation« und als Grund dafür nennt sie kurz gesagt die Hustle Culture, die die Gesellschaft ihnen vorgelebt und aufgedrückt hat. Schließlich haben auch wir Millennials irgendwann realisiert, dass die »Du kannst alles schaffen«-Erzählung nicht so ganz der Wahrheit entspricht, was unweigerlich zu einem Gefühl von Versagen und Machtlosigkeit führte. Und das, obwohl uns unser Leben lang eingeredet wurde, dass wir unseren Blick weg vom System und hin auf uns selbst lenken sollen. Da ist es nur logisch, dass wir uns allein für unser Scheitern verantwortlich machen.

Frauen, die neben ihrer Erwerbsarbeit auch noch den Großteil der unbezahlten Care-Arbeit leisten müssen, sind vom Millennial-Burn-out besonders betroffen. Hier spielt der Begriff Mental Load eine wichtige Rolle. Mental Load bezeichnet die psychische Belastung, die auf das Organisieren von ganz alltäglichen Dingen zurückzuführen ist – eine

Sache, die Frauen mit Kindern besonders betrifft, aber auch für Kinderlose eine Rolle spielt. Geht mal kurz in euch: Wer koordiniert Familientermine wie zum Beispiel den Besuch bei den Schwiegereltern – ihr oder euer Partner? Wer behält den Überblick über wichtige Geburtstage und besorgt die Geschenke, die dann offiziell »von uns beiden« kommen? Wer führt die Einkaufsliste? Eben.

Laut Gender-Expertin Marita Haas ignorieren Arbeitgeber*innen das Thema Mental Load übrigens weitestgehend: »Mental Load aus Genderperspektive ist aus Arbeitgeber*innensicht völlig irrelevant. Der gesellschaftliche Beitrag, den man im Rahmen einer Familie leistet, wird von Arbeitgeber*innen nicht beachtet.« Auch Julia Schick betont, dass wir unsere Lebensbereiche nicht getrennt voneinander betrachten können: »Belastungen, die im Berufsfeld entstehen, wirken sich auch auf mein Privatleben aus – und vice versa. Daher ist die Verteilung von Care-Arbeit und Mental Load ein ganz wesentlicher Faktor für die psychische Belastung am Arbeitsplatz.«

Jetzt mag man denken: Wenn unsere Arbeitgeber*innen die Probleme von Frauen schon nicht in die Hand nehmen oder zumindest wahrnehmen, dann könnten wir sie doch einfach ansprechen, oder? Leichter gesagt als getan: Wie der »Mental Health at Work Report« von Mind Share Partners aus dem Jahr 2021 zeigt, fühlen sich Frauen weniger wohl dabei, mit ihren Vorgesetzten oder Personaler*innen über ihre mentale Gesundheit zu sprechen – vielleicht aufgrund von Hierarchien, aber auch, weil man sich nicht mit negativ weiblich behafteten Problemen wie der Vereinbarkeit von Job und Familie angreifbar machen möchte.[73] Die gute Nachricht: Frauen sprechen genauso häufig mit Kolleg*innen oder Freund*innen über ihre mentale Gesundheit wie Männer. Diese Ergebnisse machen für mich jeden Sinn der Welt: Denke ich an meine ehemaligen Arbeitgeber*innen, muss ich so weit gehen und sagen, dass ich lieber nie mehr mein Lieblingsgericht essen würde, als mit meinen Vorgesetzten das Gespräch über meine mentale Belastung innerhalb und außerhalb des Jobs zu suchen. Sätze wie »Nimm dir doch einfach einen Tag frei«, »Hast du private Probleme?« oder »Warum bist du so sensibel?« wären vorprogrammiert gewesen.

Vera Steinhäuser kommt in ihrem Job als Business-Coachin oftmals mit dem Thema Mental Health in Berührung. Ihrer Ansicht nach eines der überwiegenden Themen: Abgrenzung. »Frauen tun sich häufig schwer damit, sich abzugrenzen. Das liegt an der nicht enden wollenden Verfügbarkeit, die im gesellschaftskonformen Konzept einer Frau (und gegebenenfalls guten Mutter) wie selbstverständlich enthalten ist. Eine solche Mehrfachbelastung funktioniert über lange Strecken selten ohne Mental-Health-Probleme. Ich habe schon viele Frauen erlebt, die ganz schlechte Abgrenzungsstrategien haben – oder gar keine. Weil sie es sich nicht erlauben würden, darüber überhaupt nachzudenken.« Laut Psychotherapeutin Schick kann eine fehlende Abgrenzung im schlimmsten Fall zu chronischem Stress führen. Wie man das verhindern kann? Das Setzen von Grenzen kann laut der Expertin schon durch relativ kleine Lifehacks wie beispielsweise die räumliche Trennung von Wohnraum und Arbeitsplatz oder das Festlegen von Erreichbarkeitszeiten gelingen.

Was weitere Abgrenzungsrituale angeht, seien der Kreativität keine Grenzen gesetzt: das bewusste Schließen des Laptops oder der Türe, Abklopfen oder Abschütteln des Körpers, sich nach der Arbeit umziehen oder duschen gehen.

Dass im Job die eigenen Grenzen überschritten werden, muss man aber erst einmal erkennen. »Das Bild vom Frosch im Kochtopf veranschaulicht die Schwierigkeit, die beim Wahrnehmen von Grenzen entstehen kann: Wirft man einen Frosch in einen Topf mit kochendem Wasser, folgt er einem Instinkt und springt sofort heraus. Setzt man ihn in einen Topf mit kaltem Wasser und bringt es langsam zum Kochen, bemerkt er den Temperaturunterschied erst gar nicht und versucht nicht zu flüchten. Irgendwann ist es zu spät – und der Frosch ist totgekocht«, so Julia Schick. Und ganz ehrlich: Wer nicht schon mal dieser totgekochte Frosch war, die werfe den ersten Stein. Werden unsere Grenzen nach und nach überschritten, bemerke man das zunächst oft nicht – oder man stellt seine eigenen Wahrnehmungen infrage: »Viele meiner Klient*innen, die mit Erschöpfungszuständen und psychischer Belastung zu kämpfen haben, tun sich schwer, diese feineren Anzeichen zu registrieren, sie ernst zu nehmen und entsprechend ihrer Körperwahrnehmung zu handeln.« Eine Psychotherapie könne dabei helfen, diese Signale zu erkennen und Handlungsstrategien sowie Mitgefühl für sich selbst zu entwickeln.

Erkennt man dann, dass die eigenen Grenzen im Job überschritten werden, dominiert laut der Psychotherapeutin meist eine Emotion: Wut. Dieses Gefühl zeigt uns, dass unsere Grenzen nicht respektiert werden, und gibt uns die Kraft, sie zu verteidigen – zum Beispiel in Form des Wörtchens »Nein«. Dass das leichter gesagt als getan ist, wissen die meisten von uns wohl auch. Schuld daran könnte unsere Sozialisation sein: »Schwierig wird es, wenn Personen mit einer Aggressionshemmung ›kämpfen‹ – und zwar im wahrsten Sinne des Wortes. Denn Wut, die nicht nach außen gerichtet wird, wendet man häufig in Form von Aggression gegen sich selbst. Dadurch können Depressionen oder Erschöpfungszustände entstehen.« Die Gründe für eine solche Hemmung liegen einerseits in unserer Sozialisation, andererseits in unserer persönlichen Entwicklung: »Beispielsweise könnte eine Frau, die als Mädchen häufig darauf hingewiesen wurde, nicht so laut zu sein, brav zu sein, nett zu anderen zu sein, verinnerlichen, dass Aggression im Zusammenleben mit anderen Personen nicht erwünscht ist.«

## Mental Health & Miss Rona

Ein Phänomen namens »Stereotype Threat« kann Frauen am Arbeitsplatz außerdem zusätzlich psychisch belasten – und nun schnallt euch an. Laut *Harvard Business Review* beschreibt der Begriff den Einfluss von negativen Geschlechterstereotypen, derer sich Frauen bewusst sind.[74] Das heißt, sie wissen, dass Frauen angeblich schlechter verhandeln, und erfüllen unbewusst dieses Stereotyp und performen sogar schlechter, als es ihren eigentlichen Fähigkeiten entspricht. Frauen strengen sich demnach also so sehr an, das Klischee zu widerlegen, dass sie weniger Ressourcen dafür übrig haben, ihre Tasks wirklich gut zu erledigen. Das wiederum führt zu mehr Angst und kann eine Spirale aus Stress, schlechter Performance und wiederum Stress aufgrund der schlechten Performance zur Folge haben. Der Stereotype Threat ist an sich kein Phänomen, das sich nur auf Frauen beschränkt – aber da unsere Arbeitswelt immer noch patriarchal geprägt ist und sich an »männlichen Idealen« orientiert, betrifft das Risiko hierfür insbesondere Frauen.

Die Pandemie und die damit einhergehenden psychischen Belastungen haben diese Entwicklung beschleunigt und ein Thema in den Fokus gerückt, das zuvor nur am Rande beachtet wurde: Homeoffice. Von traditionellen Arbeitgeber*innen oftmals nur als Ausnahme erlaubt, wurde es plötzlich zur Norm, nicht wegen jedes Furzes ein Meeting einzuberufen, Zusammenarbeit neu zu denken und nebenbei auch noch schnell eine Ladung Wäsche in die Maschine zu werfen. Kein Wunder, dass diese Flexibilität von einer Mehrheit der Millennials und Zoomer überaus geschätzt wird, auch wenn sich so manches Unternehmen wünscht, dass wir wieder täglich und 9 to 5 im Büro anwesend sein sollen.

Doch auch dieses Thema birgt so manche Fallen: Es gibt Studien, die zeigen, dass Frauen besonders gerne Homeoffice machen, was dazu beiträgt, dass sie aus der physischen Arbeitssphäre verdrängt werden, da anwesende Personen beispielsweise mehr Möglichkeiten haben, mit Vorgesetzten zu interagieren und so einen guten Eindruck zu hinterlassen.[75] Eine weitere Schattenseite von Homeoffice, nämlich die vollständige Aufhebung der Grenze zwischen Privat- und Berufsleben, hat laut einer Studie des Europäischen Parlaments insbesondere Auswirkungen auf die mentale Gesundheit von Frauen, denn der Druck, beide Bereiche zu vereinen, wird immer größer.[76] Die Umfrage ergab, dass immer mehr Frauen mit Ängsten bezüglich der Familienbetreuung und dem Wohlergehen der Familie zu kämpfen hatten. Somit litten mehr Frauen als Männer an Angstzuständen, die im Zusammenhang mit der Coronapandemie standen.

Die Frage, wie Arbeitgeber*innen mit diesen Themen und der mentalen Gesundheit ihrer Mitarbeiter*innen umgehen (sollten), ist eine, die sich bis heute als schwierig gestaltet. Das Thema wird von vielen immer noch ignoriert und mentale Gesundheit wird als reine Privatsache angesehen – genauso wie Emotionen. Psychotherapeutin Schick sieht hier einen langsamen Fortschritt – zum Beispiel in Form von Coachings oder Supervision. Das ist natürlich grundsätzlich löblich und kann laut der Expertin zum Beispiel für ein gesundes Arbeitsklima sorgen. Letzten Endes setzen solche Maßnahmen dennoch immer wieder bei der Optimierung des Individuums an, oder? Und das, obwohl die psychischen Probleme, unter denen viele Arbeitnehmer*innen leiden, keine persönlichen Unzulänglichkeiten sind, sondern aus einem System heraus entstehen, das eigentlich optimiert werden sollte. Laut Expertin Haas machen Unternehmen definitiv noch nicht genug zu diesem Thema – aber sie werden offener dafür. Sie erklärt: »Manche Gefühle sind am Arbeitsplatz adäquat – zum Beispiel Freude. Andere nicht. Umgekehrt ist es aber ganz normal, die Arbeit ins private Leben mitzunehmen.«

Die Tatsache, dass es Emotionen gibt, die wir im beruflichen Kontext gerne einsetzen und zeigen dürfen, da sie für die Zwecke eines Unternehmens dienlich sind, wird grundsätzlich als »Emotionsarbeit« bezeichnet. Nettes Auftreten,

Freundlichkeit, Einfühlungsvermögen, aber auch Zurückhaltung werden in diesem Kontext oftmals als akzeptierte Emotionen bewertet, die beispielsweise in Verhandlungen mit Kund*innen dazu genutzt werden, im Interesse des Unternehmens und somit in einem gewinnorientierten Kontext Erfolge zu erzielen. Wenn diese Gefühle, die wir zugunsten unseres Jobs regulieren, aber zu sehr von denen abweichen, die wir wirklich erleben, kann auch das negative Folgen für unsere psychische Gesundheit haben. Es kann unter anderem in einem Burn-out gipfeln und uns das Gefühl geben, dass wir unser Selbst verleugnen müssen. Wir erinnern uns: Für die Gen Z ist dieses Gefühl besonders belastend.

In Jobs, in denen von Angestellten gefordert wird, sich Kund*innen gegenüber unterwürfig und demütig zu verhalten, arbeiten Forschenden zufolge überproportional viele von Diskriminierung betroffene Menschen, was die Auswirkungen von Emotionsarbeit unter anderem zu einem Frauenproblem macht. Es besteht außerdem ein Zusammenhang zwischen weiblicher Emotionsarbeit und Ungleichbehandlung von Männern und Frauen in der Jobwelt, wie die Forscherinnen Mary Ellen Guy und Meredith A. Newman festhielten.[77] Die Gesellschaft gehe demnach davon aus, dass Tätigkeiten wie Care-Arbeit, für die man beispielsweise sehr einfühlsam sein muss, eher für Frauen geeignet sind. Das setzt laut den Forschenden Frauen besonders emotional anstrengenden Jobs aus, bei denen die emotionale Komponente der Arbeit weder monetär kompensiert noch gesellschaftlich besonders anerkannt wird. Vielmehr geht man davon aus, dass die emotionale Einfühlsamkeit ohnehin im Wesen der Frau liegt.

## Selfcare: Die Lösung all unserer Probleme?

Jetzt mal Hand aufs Herz: Wer von euch hat einen Rosenquarzroller im Kühlschrank liegen, der nur darauf wartet, nach einem harten Arbeitstag unsere Gesichtsmuskeln zu entspannen und uns diesen gewissen Glow zu verleihen, der uns die Leiden des vergangenen Tages zumindest für kurze Zeit vergessen lässt? Was gibt es Heilsameres, als nach einem Meeting-Marathon eine Tuchmaske aufzulegen, eine gesunde Bowl beim Lieferdienst des Vertrauens zu bestellen, überteuerten Wohlfühltee zu schlürfen und »Sex and the City« zum 30. Mal zu rewatchen? Ich bekenne mich schuldig in allen Anklagepunkten und gebe an dieser Stelle offen zu, ein absolutes Opfer der Selfcare-Industrie zu sein. Ich bin bereit für eine Selbsthilfegruppe.

Auf Instagram bin ich genauso wie ihr wahrscheinlich auch umgeben von Achtsamkeitstipps, präsentiert von blonden, weißen und wunderschönen Influencerinnen, Werbung für die neuesten Augenpads, die besonders wirksam gegen Augenringe sein sollen, und das neueste Selfcare-Räucherset, mit dem man die bösen Geister, die nach dem letzten Zoom-Call in der eigenen Wohnung zurückgeblieben sind, vertreiben kann. Das Problem an der ganzen Sache ist aber, dass dieser ganze Scheiß absolut gar nichts bringt, oder? Leider wird in all den Social-Media-Postings verschwiegen, dass ein Tag im Spa deine Angststörung nicht heilen wird und positive Gedanken keine Auswirkungen auf ein System haben, in dem Profit unangefochten an erster Stelle steht. Was nützt das beste Peeling, wenn der nächste Arbeitstag genauso kräftezehrend wird wie der davor und das angenehme Gefühl der

15-minütigen Einwirkzeit schnell wieder von Anxiety und Stress überschattet wird?

Natürlich ist es wichtig und richtig, dass wir uns Momente im Alltag gönnen, in denen wir uns etwas Gutes tun und uns somit selbst das Gefühl geben, kurz abschalten und Energie tanken zu können. Es lohnt sich dennoch, einen genaueren Blick auf das Konzept Selfcare zu werfen, das uns oftmals als Lösung unserer Mental-Health-Probleme verkauft wird:

Erstens dürfen wir nie vergessen, dass hinter Selfcare, wie wir sie heute kennen, eine riesige Industrie steckt, die von unseren Unsicherheiten profitiert und weniger mit Selbstfürsorge als mit Selbstoptimierung des privaten Ich zu tun hat. Millennial-Selfcare gibt vor, gut für uns zu sein, sorgt aber eigentlich fast ausschließlich dafür, dass wir weiterhin funktionsfähig und einsatzbereit für eine Arbeitswelt sind, die alles andere als wholesome und achtsam ist. Yogamatten, Smoothies, Kosmetikprodukte, Badezusätze – die Produktpalette ist mindestens so vielfältig wie unsere Zwänge und lässt uns Konsum mit Entlastung und Erholung verwechseln. Die florierende Selfcare-Industrie ist ein Symptom unserer angeschlagenen mentalen Gesundheit und zeigt den riesigen Bedarf, der offensichtlich besteht, wenn es beispielsweise um Coping-Mechanismen für Überbelastung geht.

Das Mainstream-Verständnis von Selfcare ist außerdem ein weiteres Paradebeispiel dafür, dass wir die Probleme unserer Arbeitswelt gerne auf den Schultern der Individuen ablegen. Selfcare, wie wir sie verstehen, ist ein weiterer individualisierter Ansatz zur symptomatischen Behandlung gesellschaftlicher Missstände, die wir als einzelne Frauen niemals lösen können, von denen uns jedoch immer wieder vermittelt wird, dass es in unserer Verantwortung liege, zumindest auf individueller Ebene einen ersten Schritt für das Wohlergehen aller (Frauen) zu machen. Selfcare blendet uns mit der Illusion, dass wir uns als Individuen nur hart genug anstrengen müssen, um es zu schaffen, psychisch gesund oder erfolgreich zu sein, und macht Stress und Belastung daher zu einem unpolitischen, rein persönlichen Problem. Schließlich sind wir selbst schuld, wenn wir nicht widerstandsfähig genug für die harte Welt da draußen sind, oder? Und: Diese Art von Selfcare ist großteils privilegierten Menschen vorbehalten, denn so einen Rosenquarzroller und regelmäßige Spa-Tage muss man sich schließlich leisten können.

Gewisse Selfcare-Rituale geben uns das kurzfristige Gefühl von Kontrolle über eine (Job-)Welt, die oftmals einen Scheiß auf unsere Mental Health gibt. Und was bleibt übrig, wenn wir uns am Tag nach unserem Home-Spa-Abend wieder beschissen fühlen? Ein weiteres anstrengendes To-do, das uns das Gefühl gibt, nicht gut genug zu sein. Das Ganze gipfelt dann in dem sogenannten »That Girl«-Social-Media-Trend, der in den letzten Jahren zum Meme wurde und stark mit dem Selfcare- und Wellness-Hype zusammenhängt, dabei aber größeres Augenmerk auf eine gesteigerte Produktivität als das tatsächliche mentale Wohlbefinden legt. That Girl ist eine perfekte, bis in die letzte Faser ihres Seins optimierte, durchgeplante, allzeit effiziente und produktive Frau, die bereits vor ihrer morgendlichen Yoga-Routine ein absolut gesundes Frühstück zu sich nimmt, eine 20-teilige Skincare-Routine vollzogen, ihren Boyfriend wach geküsst und die ersten Arbeitsmails verschickt hat. Im Rahmen des

Trends zeigen junge Frauen ihre durchgetakteten Routinen und vermarkten sich selbst als ihr neuestes Selbstoptimierungsprojekt, ohne es zu merken.

Eigentlich ist Selfcare nämlich gar nicht so unpolitisch und individuell, wie wir denken: Insta-taugliche Selfcare ist eine wahnwitzige Abwandlung von dem, was man ursprünglich als Selbstfürsorge versteht. Entgegen unserer Annahme ist Selfcare im eigentlichen Sinne nämlich nicht von Influencer*innen und bösartigen Unternehmen, die uns das Geld aus der Tasche ziehen wollen, erfunden worden. Die Idee, sich um sich selbst zu kümmern, geht viel weiter zurück und schon der französische Philosoph Michel Foucault schrieb 1984 im dritten Teil der »Geschichte der Sexualität« namens »Die Sorge um sich« über das Thema, das laut ihm in der griechisch-römischen Antike ein wichtiges Konzept gewesen sei. So soll Selbstfürsorge damals als die Grundlage aller moralischen Vernunft angesehen worden sein. Im Jahr 1988 wurde das Konzept der Selbstfürsorge von der Aktivistin und Schriftstellerin Audre Lorde in ihrem Buch »A Burst of Light« in ein politisches und somit neues Licht gerückt. Darin beschreibt sie Selfcare als politischen und radikalen Akt, der ihr als Woman of Color, der zum zweiten Mal eine Krebserkrankung diagnostiziert wurde, hilft, am Leben zu bleiben. »Mich um mich selbst zu kümmern, ist keine Selbstgefälligkeit. Es ist Selbsterhaltung und das ist ein Akt der politischen Kriegsführung«, schrieb Lorde.

Von nun an war Selbstfürsorge etwas, das diskriminierten und ausgebeuteten Personen wie People of Color oder auch der LGBTQI+-Community half, auf sich selbst zu achten und die eigene mentale, emotionale und physische Gesundheit nicht zu vernachlässigen – in einer Welt, die genau das regelmäßig tut. Übrigens scheinen nicht alle die Ursprünge der Selbstfürsorge vergessen zu haben: Eine Künstlerin, die sich mit diesem Thema und dem ursprünglichen Konzept auseinandergesetzt hat, ist Beyoncés Schwester Solange. In ihrem Song »Borderline (An Ode to Self Care)« singt sie über die schwierige Balance zwischen ihrem Einsatz für die Rechte von People of Color, ihrem Leben als Schwarzer Frau und Zeit, die sie für sich selbst braucht. In einem Interview erklärte sie, dass Selfcare für sie eine wichtige Strategie sei, um mit dem Rassismus, der in den USA an der Tagesordnung ist, umgehen zu können:[78] »Um den Tag zu überstehen, ohne Wut und gebrochenes Herz zu leben. Um aufstehen und meinem Kind einen wundervollen Tag wünschen zu können und zu wissen, (...) dass er wie ein gleichwertiger Teil der Gesellschaft angesehen wird.« Aus diesen Gründen brauche sie Selfcare.

Die politisch aufgeladene Auslegung von Selfcare zielt nicht auf kurzfristige egoistische »Schmerzlinderung« durch eine Mindful-Yoga-Session ab, sondern soll aufzeigen, welchen Hürden Frauen und insbesondere Women of Color, LGBTQI+-Personen und andere diskriminierte Gruppen begegnen. Und wie sie es schaffen können, trotz der vielen im System verankerten Ungerechtigkeiten gesund und resilient zu bleiben. Nicht aber, um für ihre Arbeitgeber*innen weiter einsatzfähig und verwertbar zu bleiben, sondern um Ressourcen dafür frei zu machen, sich ein Leben aufzubauen, in dem sie für sich und andere da sein können und mehr sind als funktionierende Maschinen – was auch immer das auf individueller Ebene bedeutet. Die Autoren Carl Cederström und André Spicer gehen in ihrem Buch »The Wellness Syndrome« noch weiter und behaupten, dass moderne Selfcare den Fokus auf das Individuum lenke und so gesellschaftliche Veränderungen sogar erschwere – und das auf Kosten von sozialem Engagement. Feminismus-Ikone Laurie Penny schließt daraus in ihrem Essay »Life-Hacks of the Poor and Aimless«, Selfcare sei eine »isolierende« Ideologie, die uns davon überzeuge, dass unsere Probleme, Krankheiten und mentalen Issues nicht durch ein wirtschaftliches System verursacht werden, das aus der Balance gekommen sei, sondern vielmehr dadurch, dass wir uns nicht gut genug an dieses System anpassen können.[79]

Ich will nicht sagen, dass Selfcare, wie wir sie heute verstehen, grundlegend falsch sein muss. Die kurze Verschnaufpause, die eine Beauty-Routine oder eine Rosenquarzroller-Gesichtsmassage uns verschaffen können, haben wir uns verdient. In einer Welt, die von politischen Unruhen, Inflation, der Klimakrise, einer Pandemie, den Geistern des späten Kapitalismus und Gott weiß, was noch, geplagt wird, ist es nur verständlich, dass wir Trost in solch simplen Sachen suchen. Ein kleiner Fun Fact (der, so wie jeder »Fun Fact«, eigentlich gar nicht lustig ist) am Rande: In der Woche nach Donald Trumps Wahl zum US-Präsidenten sind die Google-Suchanfragen nach »Selfcare« nur so in die Höhe geschossen.[80] Zufall? Wohl eher nicht.

Die Frage, die wir uns darüber hinaus stellen sollten, ist: Warum sehnen wir uns so sehr nach dieser gottverdammten Hyaluron-Maske? Lasst uns Selfcare wieder als ein Instrument des Widerstandes gegen eine toxische Arbeitskultur sehen und uns durch sie stärken. Selfcare ist Aktivismus. Und keine Maßnahme, um unser Dasein als produktive Arbeiter*innen zu sichern. Selfcare, wie sie auf Social Media propagiert wird, hat recht wenig mit echter Selbstfürsorge zu tun. Sie ist höchstens ein kleines Pflaster auf einer klaffenden Wunde.

In ihrem Buch »Radikale Selbstfürsorge. Jetzt!« schreibt die Autorin Svenja Gräfen über ihre eigenen Erfahrungen und die Zusammenhänge zwischen Selfcare und Feminismus. Gegenüber der *Zeit* erklärte sie: »Es geht um mehr als nur darum, ab und zu ein Bad zu nehmen oder eine Gesichtsmaske aufzutragen. Das kann ich natürlich alles machen, aber es ist möglich, dass ich mich dabei immer noch selbst hasse.«[81] Deshalb gehe es bei dem Konzept um mehr als einen »Quick Fix«. Für sie habe Selbstfürsorge etwas damit zu tun, sich selbst Raum in der Gesellschaft zu nehmen, auch wenn dieser oft nur mental sei.

Wenn ihr euch das nächste Mal dabei ertappt, wie ihr wieder einmal versucht, That Girl zu sein – und keine Sorge, das passiert den Besten –, lasst mich euch an einen Satz vom Anfang dieses Kapitels erinnern: Bad Bitches have Bad Days too. Und daran kann manchmal auch ein Iced Coffee für sieben Euro nichts ändern, auch wenn wir es uns so sehr wünschen. Das Wichtigste ist, dass wir Wege finden, unsere Wunden nicht nur kurzzeitig zu verstecken, sondern langfristig zu behandeln. Das sieht auch Therapeutin Schick so: »Es gibt hier kein Allheilmittel. Vielmehr bin ich der Meinung, dass Selbstfürsorge etwas hoch Individuelles ist. Was für den einen ein Weg zur tiefen Entspannung ist, ist für den anderen ein gewaltiger Stressfaktor. Wichtig ist, sich Zeit zu nehmen, um herauszufinden, wie ich mich entspannen und erholen kann.« Für manche könne das Erkennen der eigenen Handlungsmuster und das Verständnis, was einem helfe runterzukommen, schon ausreichen. Kann man jedoch auch durch typische Selfcare-Rituale nicht abschalten, könne man auf Unterstützung in Form von Psychotherapie zurückgreifen.

### Abgrenzung – aber wie?
**Zwei Tipps von Coachin Vera Steinhäuser**

1 Verstehe deine eigenen Werte: Unsere Werte bestimmen uns – aber die wenigsten denken bewusst darüber nach. Immer dann, wenn unsere Werte verletzt werden, fühlen wir uns miserabel. Und wenn wir Werte leben können, fühlen wir uns gut. Sich der Werte bewusst zu werden, die einem wichtig sind, kann ein erster Schritt zur Abgrenzung sein. So kann man zum Beispiel verstehen, warum es einem in einem Job oder einer Beziehung nicht gut geht: Weil meine Werte dort verletzt werden.

2 Nein sagen: Du willst Nein sagen, traust dich aber nicht? Hab den Mut, es auszuprobieren und zu sehen, was passiert, wenn du Nein sagst. Meistens wird nichts Schlimmes passieren – und das stiftet dich vielleicht im positiven Sinne an, es öfter zu machen. Hinterfrage auch, warum du etwas nicht willst. Und erkenne an, dass diese Begründung valide ist.

# WAS ZUR HÖLLE IST EMPOWERMENT?

Empowerment – auch so ein Lifestyle-Begriff, der uns wie unser wiederkehrender Schlafparalysedämon bis in unsere Albträume verfolgt. Mein Insta-Feed ist voll von empowernden Botschaften und auf mich zugeschnittene Social-Media-Werbungen befehlen mir, mich hier und jetzt durch den Kauf eines neuen Yoga-Outfits selbst zu ermächtigen. In Wahrheit habe ich aber das Gefühl von Empowerment viel zu lange mit stinknormalem Selbstbewusstsein auf der einen Seite und Erfolg im Job auf der anderen Seite verwechselt.

Ich persönlich fühle mich grundsätzlich durch verschiedene Dinge empowert. Sei es ein Gespräch mit einer guten Freundin, in dem wir uns zuerst über unsere Jobs auskotzen und uns dann gegenseitig dazu ermutigen, die überfällige Gehaltserhöhung zu fordern oder dem einen sexistischen Kollegen, der uns immer noch mit »Hey, Mädels!« begrüßt, endlich die Stirn zu bieten.

Oder in Form dieses einen Songs, der auf dem Arbeitsweg für den richtigen Badass-Motivationskick sorgt, zum Beispiel. Gebt es zu, euch schießt beim Lesen dieser Zeilen direkt ein Song in den Kopf, auf den ihr immer zurückgreift, wenn ihr einen zuverlässigen Power-Boost braucht.

Früher war für mich einer dieser Songs »Bodak Yellow« von Cardi B. In dem Song erzählt sie ihren Weg an die Spitze nach und macht allen klar: »You can't fuck with me if you wanted to.« Und genau diese Attitüde brauchte ich zu Beginn meiner Karriere, um mich stark zu fühlen und die Motivation aufzubringen, in unterschiedlichen Situationen die Zähne zusammenzubeißen. Ein sexistischer Troll beleidigt mich in meinen DMs aufs Übelste und erklärt mir, dass die Welt eine bessere wäre, wenn ich nicht existieren würde? Scheißegal, denn »I don't dance now, I make money moves«.

Heute ist mein Alltime-Motivationssong in dieser Hinsicht »Free Woman« von Lady Gaga. Dieser Song regt mich weniger dazu an, im Büro allen zu zeigen, was ich draufhabe und dass ich besser als alle anderen bin, sondern dazu, mich daran zu erinnern, dass ich auch ohne Job, Partner*in oder Erfolg etwas wert bin und es völlig in Ordnung ist, Schwäche zu zeigen oder auch mal zu scheitern. Denn immerhin bin ich eine gottverdammte Free Woman! Was wollt ihr dagegen machen? Verklagt mich doch! Meine Liebe zu diesem Song geht sogar so weit, dass ich mir den Titel habe tätowieren lassen – als kleinen Reminder, sollte ich einmal kurz vergessen, wer und was ich eigentlich bin.

Wie bei den meisten zum Lifestyle verkommenen Begriffen ist auch das Konzept hinter Empowerment viel politischer, als man auf den ersten Blick denken mag. Ganz grundsätzlich umfasst Empowerment in unserem Insta-tauglichen, sehr breiten Verständnis so ziemlich alles, was uns hilft, selbstbestimmt und autonom zu leben, für unsere Interessen und Anliegen einzustehen und die eigenen Stärken zu erkennen, anstatt sich auf die eigenen Fehler und Unzulänglichkeiten zu konzentrieren. Entstanden ist der Begriff im sozialwissenschaftlichen Zusammenhang, unter anderem 1985 durch den Psychologen Julian Rappaport geprägt, der sich mit gesellschaftlichen Ungleichheiten beschäftigte und festhielt, dass Empowerment ein Prozess sei, der »Menschen, Organisationen oder Gemeinschaften die Kontrolle über ihr Leben zurückgibt«. Empowerment soll also zur Mündigkeit und Selbstbestimmung von Menschen beitragen, die aufgrund verschiedener Diskriminierungskategorien oftmals von Entscheidungsprozessen ausgeschlossen oder marginalisiert werden. Unter einem feministischen Gesichtspunkt wird Empowerment als Mechanismus angesehen, der uns dabei hilft, in einem System zu bestehen, das oftmals gegen uns arbeitet – beispielsweise gegen Frauen, Women of Color oder Frauen mit Behinderung. Coachin Vera Steinhäuser arbeitet in Form von Workshops, Teambuilding-Maßnahmen oder Masterclasses für Unternehmen, »die verstanden haben, dass sie mehr Frauen in der Führung brauchen und alle davon profitieren werden«. Laut der Expertin lohnt sich zum besseren Verständnis ein Blick auf die Bedeutung der deutschen Übersetzung des Wortes Empowerment: »Das Problem mit Trend-Begriffen ist, dass wir sie oft gar nicht hinterfragen, denn Empowerment klingt wesentlich lässiger als Ermächtigung. Macht passiert um uns rum – und wenn wir die Macht ignorieren, findet sie ohne uns statt. Selbstermächtigung bedeutet anzuerkennen, dass wir alle Macht haben und dass das per se nichts Schlechtes ist. Was wir mit der Macht machen, ist uns überlassen, und wir können damit auch positive Dinge vorantreiben.« Das Anerkennen unserer Power führe laut Steinhäuser dazu, dass »der Hase anders läuft«: »Dann bin ich nicht mehr ohnmächtig und ausgeliefert, sondern werde vom Opfer zur Gestalterin.« Übrigens, Empowerment ist für alle da. »Man muss keine Vorstandsvorsitzende sein, um Empowerment zu spüren. Ich kann halbtags in einer Position arbeiten, die auf den ersten Blick nicht so relevant erscheint, und mich trotzdem selbstermächtigt fühlen.«

Empowerment kann intrinsisch wie zum Beispiel durch Selbsthilfe und -reflexion (und auch Therapie) erfahren werden, aber auch von außen. So können wir uns zum Beispiel durch eine*n Arbeitgeber*in, der oder die uns durch Vertrauen und Ressourcen hilft, unser Potenzial zu entfalten, empowert und in unserer Handlungsmacht bestärkt fühlen. Auch Geschlechtergleichheit am Arbeitsplatz kann das Gefühl von weiblichem Empowerment stärken und Empowerment im Job erhöht sogar die Zufriedenheit von Arbeitnehmer*innen und steigert die Leistung.[82] Im Deutschen wird unser Streben danach, und auch unser Vertrauen darin, als autonome Wesen im Rahmen unserer Möglichkeiten selbstständig handeln zu können, als »Selbstwirksamkeitserwartung« bezeichnet. Verspüren wir keine Selbstwirksamkeit, fühlen wir uns laut Vera Steinhäuser früher oder später fremdbestimmt und damit ausgeliefert: »Wir haben den Wunsch nach Gestaltungsfreiraum, danach, unsere Persönlichkeit zum Ausdruck zu bringen, und unseren Werten entsprechend zu agieren. Wenn uns das genommen wird, verlieren wir unsere Motivation. Und mittel- bis langfristig wird auch die mentale Gesundheit flöten gehen.«

## Cardi, Taylor und Scully

Auch durch die populäre Kultur, die uns umgibt und die wir mal mehr, mal weniger bewusst konsumieren, können wir ein Gefühl von Empowerment verspüren. Dass gewisse Songs uns beflügeln und uns ein Gefühl von Power geben, hat seine Gründe. Ganz grundsätzlich tragen Songs, die uns gefallen, zur Ausschüttung des Glückshormons Dopamin bei und können uns, sofern es sich um fröhliche Tunes handelt, Energie spenden. Laut *Psychology Today* hat eine Untersuchung außerdem ergeben, dass powerful Songs, insbesondere solche mit schnellem Bass, uns ein Gefühl von »illusorischer Kontrolle« und Macht geben, also uns denken lassen, dass wir künftige Ereignisse beeinflussen können.[83] Das könnte laut den Forschenden zum einen an der Kombi zwischen starken Lyrics und der Musik liegen (nur die Lyrics zu lesen hat nicht denselben Effekt). Außerdem reguliert Musik unsere Emotionen – so kann zum Beispiel das Hören eines positiven, fröhlichen Songs zur Folge haben, dass wir tanzen und uns dadurch fröhlicher fühlen.[84] Nicht nur die Machart der Musik, die wir konsumieren, beeinflusst unser Gefühl von Selbstwirksamkeit. Auch prägen uns die Botschaften und die Vorbilder, von denen sie transportiert werden. Ein Song, der bewiesen hat, wie stark Musik unser Selbstverständnis beeinflussen kann, und für seinen Einfluss auf die Lebenswelt von Frauen, im Speziellen die Sexualität gefeiert wurde, ist »WAP« von Cardi B und Megan Thee Stallion. Die sehr explizite Beschreibung von Sex aus der Perspektive der Rapperinnen sorgte für Aufsehen (und stellte, wenn man konservative Republikaner*innen dazu fragte, einen Skandal dar!) und führte dazu, dass der Hit von *Complex* als »empowernde Hymne« für Schwarze Frauen bezeichnet wurde.[85] Ein weiteres Beispiel dafür, auf welche Art uns Popkultur empowern kann: der Taylor-Swift-Faktor. Weil Taylor auf der Bühne oftmals mit Gitarre zu sehen ist, soll sie dafür gesorgt haben, dass mehr Frauen eine Gitarre erwarben.[86]

Eine kurze Frage zwischendurch: Wie sieht eine Person aus, die in der Wissenschaft tätig ist? Als diese Frage im Rahmen einer Befragung vor 50 Jahren gestellt wurde, fiel das Ergebnis deutlich aus: Nur 28 von 5000 Grundschüler*innen malten eine Frau.[87] Im Jahr 2018 waren es 28 Prozent. Das ist immer noch wenig, aber immerhin. Und wisst ihr, was dabei hilft, Stereotype wie diese aufzubrechen? Sichtbarkeit von Vorbildern, die in männlich dominierten Branchen tätig sind. Laut Untersuchungen erweitern Vorbilder unsere Vorstellung dessen, was möglich ist, sie spornen uns an und zeigen uns Wege auf, unsere Ziele zu erreichen.[88] Manche von diesen Vorbildern sehen wir in Filmen oder Serien – und einige schaffen es wirklich, so pathetisch das auch klingen mag, die (Arbeits-)Welt für Frauen ein kleines bisschen besser zu machen. Habt ihr schon mal vom Scully-Effekt gehört? Dana Scully, die weibliche Hauptrolle aus »Akte X«, ihres Zeichens FBI-Agentin und Ärztin, die mit ihrem Kollegen Fox Mulder mysteriöse Fälle löst, ist nicht einfach nur eine ikonische weibliche Serienfigur. Scully, die von Gillian Anderson verkörpert wurde, hat zahlreiche Frauen dazu inspiriert, Berufe in Medizin, Wissenschaft oder bei der Polizei anzustreben. Scully stellte in den Neunzigern, als »Akte X« über die Bildschirme flimmerte, eine neue Art von Wissenschaftlerin und Ermittlerin dar. Keine, die von Männern »gerettet« werden musste, sondern eine, die durch ihre analytische und intelligente Art regelmäßig andere rettete. Eine Umfrage aus dem Jahr 2018 beschäftigt sich mit dem Scully-Effekt und zeigt den großen Einfluss der Figur:[89] Von den über 2000 befragten Frauen gaben 63 Prozent derer, die Scully kannten, an, die Agentin habe dazu beigetragen, dass sie die Wichtigkeit von STEM-Berufen (kurz für: Science, Technology, Engineering and Mathematics; auf Deutsch auch MINT-Berufe genannt) erkannten. 50 Prozent gaben an, dass Scully ihr Interesse für diese Bereiche gesteigert habe. Frauen, die »Akte X« manchmal oder häufig gesehen hatten, gaben um 43 Prozent eher an, dass sie darüber nachgedacht hatten, in einem STEM-Bereich zu arbeiten. Frauen, die »Akte X« gesehen hatten, gaben außerdem auch eher an, dass sie ihre Töchter oder Enkeltöchter dazu ermutigen würden, einen STEM-Beruf zu ergreifen. Warum uns manche Frauenrollen so inspirieren, erklärte die Expertin April Seifert in einem Interview.[90] Durch sie würden Zuseher*innen beginnen, Stärke als weiblich konnotierte Eigenschaft zu sehen, und so würden Frauen in ihrer Wahrnehmung plötzlich zu mehr als dem hübschen Beiwerk eines Hauptdarstellers.

Dass populäre Kultur und sozialer Wandel untrennbar miteinander verwoben sind, zeigte auch der Women's March in den USA, der im Jahr 2017 nach der Inauguration von

Donald Trump stattfand. Dort waren unzählige Schilder mit Pop-Referenzen zu sehen: von Postern von Prinzessin Leia aus »Star Wars«, auf denen die Worte »We are the Resistance« prangten, bis zur Beyoncé-Referenz »Ladies now let's get in Formation«, die auf Schilder geschrieben wurde.

Ich weiß ja nicht, wie es euch geht, aber ein Aspekt, den wir in Sachen Empowerment nicht unterschätzen sollten, und der eng mit unserer populären Kultur und den Vorbildern, die wir sehen, verwoben ist, ist unsere Kleidung. Das klingt erst mal verdammt oberflächlich und falsch, ich weiß. Aber habe ich zum Beispiel einen wichtigen Termin im Büro, ein Vorstellungsgespräch oder Interview, denke ich schon Tage vorher darüber nach, was ich wohl anziehen werde. Und ich greife immer wieder zu denselben Teilen, in denen ich mich besonders gut und selbstbewusst fühle. Das ist in meinem Fall kein Hosenanzug oder Ähnliches, sondern einfach meine Lieblingsjeans.

Ein ikonischer Look, der Frauen schon vor Jahrzehnten im Job empowert hat und die Macht eines starken Looks beweist, ist der »Power Suit«, der diesen Namen nicht umsonst trägt. In den 1970ern und 80ern etablierte sich ein Fashion-Stil, der Frauen am Arbeitsplatz ein Gefühl von Macht zu geben schien und ihnen dabei helfen sollte, sich im Job durchzusetzen und ernst genommen zu werden. Gleichzeitig sollte der Stil sich deutlich von anderer Fashion abgrenzen, die Frauen damals trugen und die lediglich etwas mit Ästhetik (oder aus männlicher Perspektive: Sexiness) und weniger mit einer Ausstrahlung von Macht zu tun hatte. Ursprünglich bestand der sogenannte Power Suit aus einem Rock und einem dazu passenden Blazer – dieser stand für einen »männlichen Stil«, während der Rock die Weiblichkeit betonte, ohne »zu aufreizend« zu sein. Dieser »Power Dressing«-Style geht auf das Buch »Dress for Success« aus dem Jahr 1975 zurück (natürlich geschrieben von einem Mann, war klar, oder?). Aus heutiger Sicht wirkt diese Art des uniformen Power Suit absurd und das Ganze ist ein weiterer Beweis dafür, dass von Frauen in der Arbeitswelt verlangt wird, Männer zu imitieren – aber mit einem gewissen weiblichen Touch, wtf? Während der 80er entwickelte sich der Power-Style weiter und wurde zu mehr als der bloßen Imitation von männlicher Office-Kleidung. Auffällige Blusen und nicht mehr ganz so zurückhaltende Fashion-Statements standen nun an der Tagesordnung. All das trug einen großen Teil zur Etablierung eines neuen Bildes von Karrierefrauen bei, die sich von da an nach oben kämpften. Frauen wie Hillary Clinton, Angela Merkel oder Margaret Thatcher sind wohl die bekanntesten Vertreterinnen dieses Styles, auch in Filmen dieser Zeit wurden Frauen in Power Suits plötzlich sichtbar. So zum Beispiel Melanie Griffith im Film »Working Girl«, in dem sie eine Sekretärin an der Wall Street spielte. Ihre Stylistin wurde damals inspiriert von den Frauen in ihren Power Suits, die sie jeden Tag auf ihrem Arbeitsweg sah.

Mir ist klar, dass es zahlreiche Jobs gibt, in denen Dresscodes herrschen, die Frauen (und Männer) in ihrer Freiheit zum modischen Ausdruck einschränken. Manche von euch tragen bestimmt regelmäßig einen ganz klassischen Power Suit, ohne dies zu wollen. Denn vielleicht fühlt ihr euch im Bandshirt eurer Lieblingssängerin und einer Jeans viel stärker und besser – aber das ist euren Arbeitgeber*innen wahrscheinlich scheißegal. Egal, in welchem Job ihr arbeitet und ob ihr euren Power Suit, wie auch immer dieser aussieht, dort rocken könnt, tut euch den Gefallen und zieht ihn bei nächster Gelegenheit an – am besten, während ihr die Playlist am Ende dieses Kapitels ballert. Ich verspreche euch, ihr werdet es lieben.

## Kollektive Power durch Frauennetzwerke?

Zwei Dinge, die vor allem im Corporate-Umfeld und in schrecklichen LinkedIn-Posts als besonders empowernd dargestellt werden, sind Networking und Frauennetzwerke. Ich persönlich empfinde Networking, egal ob mit Frauen oder Männern, als Qual und ultimativen Cringe – es gibt mir ein durchgehend unangenehmes Vorstellungsgesprächsgefühl und meine innere Stimme flüstert: »Ich weiß, du willst mit deiner Kollegin da drüben über die neueste Netflix-True-Crime-Serie und euer heutiges Horoskop reden, aber du musst dieser random Lady hier noch erklären, wie du zu diesem Buchvertrag gekommen bist, denn immerhin ist sie Chefredakteurin. Reiß dich zusammen!« Und während ich den dritten Sekt kippe, tue ich dann auch genau das, obwohl sich alles in mir sträubt.

Spaces, die Frauen vorbehalten sind, können für viele wichtig sein und Möglichkeiten bieten, andere Frauen kennenzulernen, einen guten Eindruck zu hinterlassen, neue Inputs zu erhalten oder zumindest mitzubekommen, dass man nicht die Einzige ist, die in dieser gottverdammten Arbeitswelt leidet. Das Aufkommen der Frauennetzwerke fand ich zu Beginn ehrlich gesagt ziemlich cool und spannend. Ich stellte mir verschwörerische, hexenzirkelartige Treffen vor, bei denen man die längst überfällige Übernahme der Macht und die Einführung des Matriarchats plante. Ihr seht, ich hatte keine Ahnung.

Ganz sicher tragen Frauennetzwerke und Women-Only-Spaces zum Empowerment von Frauen bei und zeigen uns Vorbilder aus dem realen Leben, die uns inspirieren und Mut machen können. Das würde ich niemals leugnen und möchte ich auch niemandem absprechen. Wir alle kennen das gute Gefühl, wenn man in einer Runde aus Gleichgesinnten, vielleicht nach dem zweiten Aperol Spritz, so richtig Dampf ablassen, über seine Wünsche und Probleme sprechen kann, und merkt, dass es da hinter dem eigenen Schreibtischrand noch mehr gibt. Und trotzdem sollte man immer im Hinterkopf behalten, dass ein solch stark individualisiertes und elitäres Konzept nicht die alleinige Lösung eines komplexen Problems sein kann. Aber lasst mich das genauer erklären.

Studien belegen, dass Frauen zum Beispiel weniger sagen, wenn sie in Gruppendiskussionen in der Unterzahl sind.[91] Du bist also nicht die Einzige, die sich unwohl dabei fühlt, in der Männerrunde im Büro zu sprechen und zu hoffen, dass du diesmal nicht unterbrochen wirst oder dein mittelmäßiger Kollege nicht schon wieder deinen Vorschlag wiederholt und so tut, als wäre es sein eigener gewesen. Vielmehr ist das Gegenteil der Fall – und selbst Frauen in Führungspositionen sind davon betroffen. Frauen in Führungspositionen haben laut McKinsey eher mit Mikroaggressionen zu kämpfen, werden zum Beispiel häufiger unterbrochen oder infrage gestellt.[92] Während nur 15 Prozent der Männer in Führungspositionen angaben, unterbrochen zu werden, traf dies auf 36 Prozent der Frauen zu. Auf Women of Color trifft dies noch mal mehr zu als auf weiße Frauen (27 Prozent). Unter Women of Color liegt die Rate bei 32 Prozent, bei Frauen mit Behinderungen bei 40 und bei Frauen, die zur LGBTQI+-Community gehören, bei 34 Prozent.

Alleine dieser Fakt zeigt, dass Räume, die Frauen vorbehalten sind, positiv wirken und uns dazu anregen können, uns einzubringen. Frauen, die »die einzigen im Raum« sind, neigen eineinhalb Mal so häufig dazu, ihren Job kündigen zu wollen. Dass Frauen sich gegenseitig auf Women-Only-Afterwork-Events zuhören und empowern, ist also schön und gut. Sich darüber auszutauschen, wie man Gehalt verhandelt oder dumme Sprüche von Kollegen kontert, ist wichtig. Und dennoch verschiebt das Setting der Women-Only-Spaces die Verantwortung wieder einmal weg von unseren Arbeitgeber*innen – und hin zu uns, die wir angehalten werden, den Raum einzunehmen, der uns theoretisch zusteht, der uns aber in der Praxis so oft verweigert wird. Meine Teilnahme am Stammtisch eines Frauennetzwerks meiner Wahl ändert vielleicht etwas an dem Selbstbewusstsein, mit dem ich meinem Chef gegenübertrete. Am System rüttele ich damit wohl eher weniger.

Ein nicht zu vernachlässigender Faktor ist selbstverständlich, dass man in derartigen Settings möglicherweise Frauen kennenlernt, die in höheren Positionen sitzen und die uns Jobs verschaffen oder uns zumindest weiterempfehlen können. Vitamin B ist nach wie vor ein Elixier, das wir nicht unterschätzen sollten – weder als Vitamin, das unsere Nerven stärkt, noch als Mittel zum Zweck in der Jobwelt. Laut einer Studie erhöht ein starker »Inner Circle« an Frauen die eigenen Chancen um das Dreifache, einen tollen neuen Job zu bekommen.[93] Mehr Kontakte zu inspirierenden Frauen sind jedoch nicht automatisch mit mehr Möglichkeiten gleichzusetzen, denn Frauen netzwerken anders als Männer. Wie die Professorin Simone Kauffeld im Interview mit der *Zeit* erklärte, ist es leider immer noch so, dass überwiegend männliche Kontakte in einem Netzwerk erfolgversprechender sind.[94] Klar, schließlich sind Männer meist einflussreicher und haben Entscheidungsmacht. So weit, so naheliegend. Aber es kommt noch besser: Die Expertin führte aus, dass Männer von Frauen in ihrem Netzwerk sogar mehr profitieren könnten als Frauen von einem Netzwerk aus Frauen. Das liege daran, dass Männer ohnehin mit einflussreichen Männern vernetzt seien und zusätzlich schließlich auch noch mit Frauen. Und währenddessen legen Frauennetzwerke den Fokus auf Kontakte zu Frauen, was so manche Frau ihre männlichen Vernetzungen kostet. Hinzu kommt, dass Frauen zwar sehr gut im Netzwerken seien und viele Kontakte haben, jedoch oft Verbindungen mit Kolleg*innen halten und pflegen würden, mit denen sie auf einer Ebene stehen. Männer hingegen connecten eher mit solchen, die hierarchisch bereits höher stehen als sie selbst und sie deswegen weiterbringen könnten. Das belegt auch eine Untersuchung der EBS Business School aus dem Jahr 2018.[95] Sie ergab, dass weibliche Führungskräfte Networking als etwas »Egoistisches« ansehen und den Fokus auf Kontakte zu Frauen auf Augenhöhe legen, anstatt nach Macht zu streben.

Diese ganze Sache ist also weit weniger eindimensional, als sie oftmals präsentiert wird.

Was es braucht, sind nicht noch mehr absurd anmutende Gründer*innen-Tage oder Frauenkonferenzen, bei denen wir Pilates-Gutscheine in Goodie Bags überreicht bekommen. Oder bei denen uns verklickert wird, dass wir vor dem nächsten Gehaltsgespräch einfach nur unsere Traumsumme vor unserem geistigen Auge manifestieren und an uns selbst glauben müssen. Wenngleich Safe Spaces für Frauen wichtig sind, verfestigen sie meiner Meinung nach den Unterschied der Geschlechter in der Arbeitswelt noch mehr in den Köpfen derer, die sie nutzen. Sie sollen uns oftmals dabei helfen, im heutigen System zurechtzukommen und den Aufstieg zu schaffen, und das ist ein völlig legitimes Ziel. Wir alle müssen es bis zu einem gewissen Grad verfolgen, um zu überleben und Erfolge verbuchen zu können. Sie bekämpfen möglicherweise das eine oder andere Symptom, stürzen jedoch wohl kaum das Patriarchat, das längst nach einer Generalsanierung schreit.

## Bad Vibes Only

Ein Weg zum Empowerment, der, wie ich finde, Frauen oftmals vorenthalten oder als unangebracht verkauft wird, ist Wut. Lieber sollen wir unseren Ärger, unsere Frustration und Wut unterdrücken, anstatt sie auszudrücken und rauszulassen: eine Erwartungshaltung, die ich auch aus dem Jobleben kenne. Während ich nicht nur einen cholerischen Anfall von

Männern im Jobumfeld miterleben durfte, wurden meine Kolleginnen und ich meist dafür kritisiert, wenn wir negative Emotionen zeigten. Ja, ich gebe es zu: Wenn ich mich so richtig aufrege, dann können schon mal die Tränen fließen – ein Umstand, der mich in den Augen vieler zum Schwächling macht, weil ich es nicht schaffe, »wie ein Mann« mit emotionalem Stress umzugehen.

Schreit ein Mann durch den Meetingraum, ist das für alle im Rahmen des Normalen. Vielleicht ein wenig übertrieben, aber OK. Rege ich mich auf und zeige Emotionen, stecke ich plötzlich in der Schublade der über-emotionalen Frau, die wahrscheinlich gerade ihre Tage hat, ha-ha. »Deine Befindlichkeiten haben im Büro nichts verloren, kümmere dich doch bitte um dein Privatleben und bleib professionell«: Ich könnte kotzen. Einerseits, weil ich das Wort »Befindlichkeiten« extrem problematisch finde, da es immer wieder verwendet wurde, um meine Gefühle, vor allem dann, wenn sie negativer Natur waren, kleinzureden. Andererseits, weil nicht jedes Gefühl etwas mit meinem Privatleben zu tun hat. Natürlich bin ich pissed, wenn ich erfahre, dass mein Kollege für dieselbe Arbeit mehr verdient als ich. Klar werde ich sauer, wenn ich von meinem Boss zum zehnten Mal mit »Engel« angesprochen werde. Zeigen Frauen negative Emotionen, werden sie von ihrem Umfeld oftmals dafür abgestraft und gelten als »Bitch« oder »Zicke«. Das beste Beispiel dafür ist Tennisspielerin Serena Williams. Nachdem sie im Rahmen eines Matches ziemlich angepisst reagierte und ihren Schläger auf den Boden pfefferte, nachdem sie vom Schiedsrichter gemaßregelt wurde, verlor sie aufgrund von drei schiedsrichterlichen Strafen sogar das ganze Match.

In den Medien entbrannte eine Debatte: Sie beschäftigte sich zum einen mit der Frage, ob männliche Tennisspieler für ähnliche »Vergehen« dieselben Strafen erhalten hätten. Zum anderen war Serena Williams' offen zur Schau gestellte Wut das Thema der Stunde. Der Stereotyp der »wütenden Schwarzen Frau« kam hier zum Einsatz und viele sahen sich in ihrer rassistischen Annahme bestätigt, dass Women of Color besonders temperamentvoll seien und zu Wutausbrüchen neigen würden. Dadurch werden Women of Color, die sich nicht ganz so unauffällig und passiv geben, wie es die weiße Mehrheitsgesellschaft und das Patriarchat gerne hätten, als negativ dargestellt. Dabei sind Wut und der Ausdruck davon ein unabdinglicher Faktor für feministischen Fortschritt und gesellschaftlichen Wandel. Diese Emotionen sind auch deshalb so wichtig, weil sie uns Menschen helfen, unsere Grenzen zu erkennen. Wut warnt uns, treibt uns an, löst innere Spannungen. Und: Das Unterdrücken von Wut kann sogar krank machen, wie Forschende herausfanden.[96] Manche Gefühle sind einfach da, egal ob wir sie fühlen wollen oder nicht. Wir tragen Aggression, Ärger und Wut in uns, und häufig finden wir keinen geeigneten Weg, diesen Empfindungen Ausdruck zu verleihen. Dann bahnen sie sich ihren Weg anderweitig – zum Beispiel in Form von problematischen Verhaltensweisen, die sich gegen uns selbst und auch andere richten können.

Wut, Ärger und andere negative Emotionen bergen ein nicht zu vernachlässigendes Veränderungspotenzial, das uns mit anderen, denen es ähnlich geht, verbinden kann und von dem wir viel öfter Gebrauch machen sollten. Das sieht auch Coachin Vera Steinhäuser ähnlich: »Wir haben als Menschen ein breites emotionales Spektrum – und alle diese Emotionen gehören zum Leben. Wir können nicht einfach einen Teil dieses bunten emotionalen Blumenstraußes wegschmeißen und nur die schönen, gefälligen Gefühle behalten. Es gehört auch zu einer gesunden Persönlichkeitsentwicklung, Wut und ähnliche Gefühle zuzulassen. Diese zu unterdrücken, ist total ungesund. Ich bin überzeugt davon, dass negative Gefühle auch wichtige Katalysatoren für Veränderungen sind.«

In ihrem Buch »Ich möchte lieber nicht« schreibt die Autorin Juliane Marie Schreiber vom »Terror des Positiven« und erklärt, dass sie genug von der toxischen Positivität hat, die uns alle ständig umgibt. Ob ermunternde Aufschriften auf Teebeutelzettelchen oder auf dem neuesten Badezusatz – egal, wo wir hinblicken, werden wir dazu aufgefordert, positiv zu denken und unsere gesamte Existenz schönzureden. Sie hält fest, dass auch diese Positivität ein individualistisches Mindset fördere und wir dabei gerne vergessen, dass Schmerz und negative Emotionen durchaus wichtige Funktionen erfüllen würden. Als Beispiel für unsere »Kultur der Schmerzvermeidung«, das vielleicht so manche von euch kennen, nennt die Autorin Ghosting. Wir wissen doch alle, wie es immer wieder abläuft: Man lernt jemanden auf Tinder oder einer anderen Dating-App seiner Wahl kennen, trifft sich, alles sieht gut aus, und plötzlich: Stille. Die andere Person ist von einem Moment auf den anderen so unauffindbar wie die 1000 Bobby Pins, die wir in den Untiefen unserer Taschen verloren haben.

Positivität verfestigt bestehende Strukturen, während Wut uns dazu empowern kann, gegen Ungerechtigkeiten aufzustehen und etwas zu unternehmen. Oder den Frust, den wir verspüren, einfach auszusprechen. Auch das kann ein wichtiger Schritt sein, den Schreiber ebenfalls für unabdinglich hält. Sie konstatiert: Motzen hilft.

Ich möchte euch hier nicht ermutigen, zu dem zu werden, was wir heute Wutbürger*innen nennen. Tut das bitte nicht. Aber ich möchte euch dazu ermutigen, euren Bad Vibes hin und wieder freien Lauf zu lassen. Sprecht aus, was euch ankotzt. Regt euch auf. Macht im Job darauf aufmerksam, wenn euch etwas ärgert. Und auch wenn euch vor lauter Rage die Tränen kommen – so fucking what? Wer will uns aufhalten? Sind Tränen und eine kleine Wutrede ein Kündigungsgrund? Wohl kaum.

Was mir hilft, wenn ich angepisst bin, ist – ihr habt es vielleicht schon erraten – oftmals Musik. Dass ein Wutsong, der sich mit allen Wassern gewaschen hat, manchmal auch ein bisschen zu relatable sein kann, wissen alle von uns, die die Doku über Woodstock 99 gesehen haben, in der Limp Bizkit ihre Wut-Hymne »Break Stuff« performen und damit dazu beitragen, dass die Meute das ganze Festivalgelände auseinandernimmt. Das geht vielleicht ein bisschen zu weit. Ich meine Songs wie »Don't Hurt Yourself« von Beyoncé und Jack White, »You Oughta Know« von Alanis Morissette oder »brutal« von Olivia Rodrigo.

## Die ultimative Power-Playlist

If you're a strong female
You don't need permission

*Lady Gaga in ihrem Song »Scheiße« (ja, der Song heißt wirklich so)*

Du in deinem ganz individuellen Power Suit auf dem Weg ins Büro, um deinem oder deiner Vorgesetzten klipp und klar zu sagen, dass du mehr Geld verdient hast. Oder auf dem Weg zu deinem Kündigungsgespräch. Oder zu dem längst überfälligen Talk mit HR, in dem du diskriminierende Erlebnisse meldest, die dich schon länger stören und belasten. Im Ohr den richtigen Soundtrack. Die folgenden zehn Songs sind für mich absolute Empowerment-Banger, sie machen wütend, selbstbewusst und letzten Endes auch irgendwie glücklich, weil sie mich spüren lassen, dass ich Teil von etwas bin, eine Frau, die für sich selbst (und in weiterer Folge auch andere) einsteht. Ich hoffe, diese Songs helfen euch mindestens so sehr, wie sie mir schon oftmals geholfen haben.

Free Woman – Lady Gaga
Power – Little Mix
Break My Soul – Beyoncé
That Don't Impress me Much – Shania Twain
Bodak Yellow – Cardi B
Can't Hold Us Down (feat. Lil' Kim) – Christina Aguilera
Scheiße – Lady Gaga
My Prerogative – Britney Spears
Left Outside Alone – Anastacia
Mother's Daughter – Miley Cyrus

# WORKING GIRLS: DIESE POP-NARRATIVE PRÄGEN UNS

Empowerment durch Musik ist einer meiner liebsten Coping-Mechanismen, wenn ich gerade nicht weiß, wie ich mich in Vorbereitung auf eine schwierige Situation motivieren soll, oder ein Stimmungstief habe. Und mindestens genauso wichtig ist für mich das Gefühl, das mir ein Song gibt, in dem ich mich wiederfinde, von dem ich mich verstanden fühle und der meine aktuelle Gemütslage widerspiegelt. Solche Songs gibt es nicht nur über Heartbreak und Happiness, sondern auch über die Ups und Downs des Arbeitslebens. Musik spielt literally auf der Klaviatur unserer Emotionen und bietet uns vor allem eines: Inhalte, die zu 100 Prozent relatable sind (um es mit den Worten eines Start-up-Bros zu sagen).

Egal, ob motivierende Hymnen, die mich anspornen, Songs, die mir helfen, meinen Arbeitsfrust zu channeln und in Worte zu fassen, oder solche, die mir das Gefühl geben, dass ich nicht alleine mit meinen Struggles bin – das Motiv der arbeitenden Frau zieht sich durch die Popkultur und bietet großes Identifikationspotenzial. Nicht zuletzt sagt die Darstellung von Arbeit im Pop viel darüber aus, wie das Thema zu einer bestimmten Zeit öffentlich diskutiert wurde, und spiegelt unsere Wahrnehmung von Frauen in der Arbeitswelt und deren Herausforderungen wider.

Eine feministische Hymne aus dem Jahr 1987, die das harte Arbeitsleben besingt, ist der Song »Working Girl« von der Ikone Cher. Liest man die Lyrics, wirken sie ihrer Zeit voraus – und im Zeitalter von #MeToo aktueller denn je:

*The boss checks out her body*
*She's on the telephone tellin' his lies*
*Run and get the coffee*
*And a smile hides the rage in her eyes*

Cher, der wir Welthits wie »Believe« oder »Strong Enough« zu verdanken haben und die mir eines der tollsten Konzerte meines Lebens beschert hat, war ganz grundsätzlich schon immer für ihre feministischen Ansichten bekannt. Legendär ist ein Interview aus dem Jahr 1996, in dem sie erzählt, dass ihre Mutter ihr geraten habe, sesshaft zu werden und sich einen reichen Mann zu angeln. Ihre Antwort »Mom, I am a rich man« ging in die Geschichte der Popkultur ein und wurde sogar von Taylor Swift in ihrem Musikvideo zu »You Need to Calm Down« aufgegriffen.

In »Working Girl« träumt Cher davon, irgendwann die Mechanismen zu durchbrechen, die sie Tag für Tag in einem undankbaren Job voll von Ungerechtigkeiten und Alltagssexismus halten. Der Text ist ein empowernder Aufruf, sich von alldem nicht unterkriegen zu lassen und immer an seine eigenen Träume zu glauben. Ein Motiv, das auch ein anderer Song bedient, der wohl eine der ikonischsten Abhandlungen darüber darstellt, was es bedeutet, als Frau im Hamsterrad des täglichen Hustle gefangen zu sein. Die Rede ist von »9 to 5« von Dolly Parton, erschienen im Jahr 1980. Inspiriert von der Frauenrechtsorganisation 9to5, später bekannt als National Association of Working Women, die sich für gleiche Bezahlung und Geschlechtergerechtigkeit am Arbeitsplatz einsetzte, thematisiert der Hit den Alltagstrott und kritisiert den Kapitalismus und die von Männern geprägte Arbeitswelt.

»Ich finde den Song brillant. Er beginnt stolz (›Pour myself a cup of ambition‹), geht über in Groll (›Barely getting by‹), thematisiert den Klassenkonflikt (›You're just a step on the bossman's ladder‹) und endet mit kollektiver Stärke (›In the same boat with a lot of your friends‹)«, schwärmte 9to5-Mitgründerin Karen Nussbaum von dem Song.[97] Heute ist »9 to 5« aktueller denn je, obwohl in Sachen Gleichberechtigung ja angeblich so viel vorangegangen sein soll. Die Zeilen »Working 9 to 5, what a way to make a living / Barely getting by, it's all taking and no giving / They just use your mind, and they never give you credit« fühlen sich heute treffender denn je an. Wer von uns kennt diese Situationen nicht, in denen der Chef den Credit für Arbeit einheimst, die eigentlich wir geleistet haben? Eben.

Wenn wir schon beim Thema sind: Habt ihr euch schon mal gefragt, wie es wäre, einfach mal einen Tag lang ein so richtig durchschnittlicher Mann zu sein, der für jede Leistung einen Schulterklopfer und für den kleinsten Effort anerkennende Blicke erntet? Das beantwortet Taylor Swift in ihrem Song »The Man«, der sich um die Ungleichbehandlung von Männern und Frauen dreht. Sie habe es satt, immer so schnell zu rennen, wie sie nur könne – und frage sich, ob sie schneller an ihr Ziel gelange, wenn sie ein Mann wäre. »Sie würden sagen, dass ich schufte, Arbeit reinstecke, sie würden nicht ihre Köpfe schütteln und sich fragen, ob ich es verdiene«, träumt Taylor in ihrem Hit, der für seine feministische Message gefeiert wurde. Ein Song, der wütend macht, und denen, die behaupten, wir wären ohnehin schon längst gleichberechtigt, mühelos den Wind aus ihren Segeln nimmt. Im Musikvideo zu »The Man« ist Taylor übrigens als ihr männliches Alter Ego »Tyler Swift« unter anderem manspreadend in der U-Bahn zu sehen.

»Für alle Göttinnen, die sich jeden Tag ihren Arsch aufreißen, um die Gläserne Decke zu durchbrechen, das ist für euch. Ich respektiere euch und bin unendlich inspiriert von euch. Bitte mischt den Laden weiterhin auf (...). Ich hoffe, das kann für immer eure Hymne sein, wann auch immer ihr sie braucht«: So kündigte Superstar Ariana Grande ihren Song »God is a Woman« auf ihrem Instagram-Account an, der über 300 Millionen Follower*innen zählt. Eigentlich würde man in Hinblick auf den generisch empowernden und die Großartigkeit von Frauen besingenden Songtext nicht vermuten, dass er sich um starke Frauen in der Arbeitswelt dreht, dennoch setzte Ari in Kombination mit dem Musikvideo, in dem sie mit einem riesigen Hammer wortwörtlich eine Decke aus Glas zerbersten lässt, ein feministisches Statement, das Frauen auf der ganzen Welt empowert.

Sie kreierte einen Song, den die eine oder andere von uns bestimmt schon einmal auf dem Weg zu einem anstrengenden Arbeitstag gepumpt hat. Und wenn nicht, dann solltet ihr das schleunigst nachholen.

Die weiblichen Stars, die in ihren Songs auf die eine oder andere Art und Weise über das Jobleben von Frauen singen, geben uns wie beispielsweise Cher oder Dolly Parton Einblick in das Leben einer fiktionalen Frau, die stellvertretend für uns alle steht. Andere Songs drehen sich eher um die persönlichen Struggles und Erfolgsgeschichten der Künstlerinnen. Und ein Song sticht dadurch aus heutiger Sicht ganz besonders hervor: »Work Bitch« von Britney Spears.

In dem Hit aus 2013 erklärt uns Britney, dass man, sofern man einen »Hot Body«, einen Maserati und ein glamouröses Leben in einer großen Villa möchte, verdammt noch mal hart arbeiten muss, Bitch! Eigentlich die ultimative Hymne der Hustle Culture, oder? Der Song war der Eröffnungs-Track ihrer Residency in Las Vegas, die von 2013 bis 2017 lief – und wer die letzten Jahre nicht unter einem Stein verbracht hat, weiß, dass sich Britney zu dieser Zeit bereits seit mehreren Jahren unter der Vormundschaft ihres Vaters befand, die im Jahr 2021 endlich aufgelöst wurde. In ihrer Aussage zur umstrittenen Vormundschaft, die für zahlreiche erschütternde Enthüllungen sorgte, sprach sie insbesondere die Konzerte in Las Vegas an und erklärte, dass sie für ihre Familie zu dieser Zeit »nicht mehr als eine Puppe« gewesen sei, die lediglich brav auf der Bühne performen musste, aber ansonsten keine Freiheiten hatte.[98]

Wir wissen heute, dass Britney ausgenutzt wurde und in

die Tasche ihres Vaters arbeitete, der Kontrolle über ihre Finanzen hatte – sie schuftete zwar, so wie sie es uns in ihrem Song ebenfalls riet, aber die besungenen Freiheiten, die einer Frau all die harte Arbeit angeblich bringt, konnte sie viel zu lange nicht genießen. Früher war »Work Bitch« für mich ein Club-Banger, ein Appell an alle von uns, sich nicht unterkriegen zu lassen und sich den versprochenen Freuden des Kapitalismus voll und ganz hinzugeben, denn – geben wir es zu – wer kann sich schließlich so ganz davon frei machen. Heute ist der Track im popkulturellen Kontext von Britneys persönlicher Geschichte ein Song über Ausbeutung und die Ketten, die die Gesellschaft uns Frauen anlegt – und ein Manifest dessen, wie hart es sein kann, sich von ihnen zu befreien.

Natürlich darf in dieser Riege DER Popstar, der berühmt für seine Arbeitsmoral und die Songs darüber ist, nicht fehlen: Beyoncé. Queen Bey hat uns mit Songs wie »Flawless« empowernde Hymnen geschenkt, die uns zu Höchstleistungen anspornen sollten. Songzeilen wurden zu geflügelten Worten und waren in den 2010er-Jahren das, was für Facebook-Boomer »nachdenkliche Sprüche mit Bilder« waren. Ja, ich gebe es zu, auch ich hatte ein Handlettering-Bild mit der Cringe-Aufschrift »Don't Worry, Be Yoncé« an meiner Wand hängen.

Beyoncés Songs können zwar unglaublich empowernd sein, mir persönlich führten sie aber auch immer ein wenig vor Augen, wie unzulänglich und schwach ich insgeheim war. Niemals könnte ich so willensstark und powerful wie Beyoncé sein – und der Grat zwischen Empowerment und Desillusionierung wurde für mich immer schmaler. Denn das Bild, das sie vermittelte, war in jeder Hinsicht unrealistisch. Auch »Homecoming«, die Netflix-Doku über Beyoncés bahnbrechendes Coachella-Set, wirkte auf mich mehr einschüchternd als inspirierend. Nichtsdestotrotz ist Beyoncé eine Vorreiterin, die mit viel Disziplin auf ihr großes Ziel hinarbeitete – und die übrigens schon im Jahr 2000, als sie noch Teil der Band Destiny's Child war, klarstellte, dass sie eine knallharte Macherin ist und keinen Mann braucht, um sich schöne Dinge leisten zu können. »I pay my own bills/Always fifty-fifty in relationships (...) I worked hard and sacrificed to get what I get/Ladies, it ain't easy being independent«, heißt es beispielsweise im Song »Independent Women Part I«.

Im April 2020, mitten im ersten Corona-Lockdown, lenkte Beyoncé mit einem einfachen Satz übrigens den Fokus auf eine Gruppe arbeitender Frauen, die in der Mainstream-Popkultur oftmals übersehen wird: Sexarbeiter*innen. Im Remix von Megan Thee Stallions Mega-Hit »Savage« rappte Beyoncé »Hips TikTok when I dance / On that Demon Time, she might start an OnlyFans« und sorgte damit innerhalb kürzester Zeit nicht nur für einen Anstieg des OnlyFans-Traffics um ganze 15 Prozent, sondern wurde von ihren Fans dafür in den Himmel gelobt.[99] OnlyFans ist eine abobasierte Plattform, auf der zum großen Teil expliziter Content von Sexarbeiter*innen verkauft wird – und die es ihnen ermöglicht, unabhängig Geld zu verdienen. »Sex Work Shamers, wie geht es euch?«, schrieb ein begeisterter Fan auf Twitter. Auch so kann Popmusik die Arbeitswelt von Frauen prägen.

## Girlboss Cruella gegen Sonnenschein Elle Woods

Wie Frauen im Kontext der Lohnarbeit in Filmen und Serien dargestellt werden, spiegelt den Zeitgeist mindestens so eindringlich wider wie die Songs, die wir hören. In Filmen bekommen wir noch mehr Einblick in die Psyche, Arbeitsweise und Motivation von weiblichen Figuren, die uns mal mehr und mal weniger positiv prägen.

Die Geschichte der Frau, die sich allen Widrigkeiten zum Trotz in der Arbeitswelt durchsetzt, kennen wir alle eigentlich schon länger, als wir denken können. Genau genommen hat uns Disney nämlich schon in unserer Kindheit ein in dieser Hinsicht durchaus problematisches Vorbild präsentiert, ohne dass wir es gemerkt haben. Ich rede von Cruella de Vil, der stylischen und hundehassenden Bösewichtin aus dem »101 Dalmatiner«-Universum. Vor allem die Realverfilmung mit Emma Stone, die sich mit der Entstehungsgeschichte der berüchtigten Fashion-Queen befasste, machte deutlich, dass Cruella mit allen Wassern gewaschen ist.

Cruella, die zu Beginn des Films noch ihren bürgerlichen Namen Estella trägt, hat eine schwere Kindheit: Sie ist eine Außenseiterin, ihr einziger Freund ein süßer Hund. Als ihre Mutter plötzlich durch einen Unfall stirbt – sie stürzt unter fadenscheinigen Umständen von einer Klippe –, ist Estella am Boden zerstört – und beschließt, etwas zu ändern. Sie beginnt, für die Baroness zu arbeiten, eine angesehene Fashion-Designerin. Die Baroness ist hochnäsig, behandelt ihre Angestellten schlecht und hatte letzten Endes auch beim Tod von Estellas Mutter ihre Finger im Spiel.

All das spornt Estella dazu an, ihrem Alter Ego Cruella freien Lauf zu lassen. Und hier wird die Geschichte erst so richtig spannend: Anstatt sich weiterhin gegen die herrschenden Umstände und die Baroness aufzulehnen, wird Cruella selbst zu all dem, was sie früher so sehr verachtet hat, und setzt sich zum Ziel, die Baroness als Designerin zu übertrumpfen. So absurd es auf den ersten Blick auch wirken mag, so perfekt verkörpert die Figur der Cruella all das, was in der realen Welt als Ausgeburt der Hustle Culture durchgeht. Cruella ist eine weiße Frau, die ihre vermeintliche Auflehnung gegen das Establishment und die alten, diskriminierenden Strukturen lediglich für ihren eigenen Erfolg ausnutzt. Cruella passt sich an das unfaire System an, unter dem sie selbst so lange gelitten hat.

Apropos unfaires System: Eine der fiesesten Vorgesetzten ist wohl Miranda Priestly aus dem Film »Der Teufel trägt Prada«, der sich um ein New Yorker Fashion-Magazin namens *Runway* dreht. Priestly behandelt ihre Angestellten von oben herab, man könnte fast sagen, dass ihre Verhaltensweisen an emotionalen Missbrauch grenzen. In dem Film wird thematisiert, wie hart das Leben für Priestlys Assistentin ist, die tagtäglich schikaniert wird, jedoch in größter Ehrfurcht selbst absurdeste Aufgaben gewissenhaft erfüllt. Schließlich wird uns die Tatsache, dass Miranda für ihre Assistentin Andy eine positive Jobempfehlung schreibt, als Happy End verkauft, obwohl das in Wahrheit das Mindeste ist, was sie tun sollte.

Besonders bizarr: In dem Film gibt es auch die eine oder andere Szene, in der sich Miranda Priestly verwundbar und emotional zeigt. In einer davon vertraut sie sich ihrer Assistentin an und berichtet ihr von ihrer gescheiterten Ehe und ihrer Sorge darüber, welche Auswirkung das wohl auf ihre Zwillingstöchter haben könnte. Hey, Miranda, hier kommen Breaking News für dich: Ja, deine Scheidung mag hart für deine Töchter sein. Aber hast du schon einmal darüber nachgedacht, dass dein schlechtes Vorbild und die fehlende feministische Solidarität, die du ihnen vorlebst, mindestens genauso schädlich für sie sein könnten?

Am Beispiel von Miranda Priestly zeigt sich eine Sache ganz besonders. Obwohl sie ein durch und durch problematischer Charakter ist, wurde sie zum Kult. Und zumindest ich ertappte mich beim Ansehen des Films immer wieder beim Gedanken daran, wie badass diese Frau im Grunde genommen nicht ist. Das ist aus heutiger Sicht besonders bitter, denn was Miranda Priestly macht, ist erstens ganz und gar nicht feministisch – im Gegenteil. Sie macht anderen Frauen das Leben schwer und shamed sie sogar für ihr Aussehen, obwohl sie die Macht hätte, diese Frauen zu ermutigen und ihnen beim Einstieg in die Medienbranche zur Seite zu stehen. Zweitens beweist sie einmal mehr, worauf es in einer kapitalistischen Welt ankommt: Verhalte dich wie ein alter weißer Mann im Frauenkörper – und du wirst für deine Erfolge gefeiert. Die schlechte Behandlung deiner Mitmenschen ist doch bloß etwas, das eben nötig ist, um es ganz nach oben zu schaffen, oder? Denn wo gehobelt wird, fallen schließlich Späne.

Und noch ein Fun Fact am Rande: Meryl Streep, die Miranda Priestly in »Der Teufel trägt Prada« verkörpert, orientierte sich hinsichtlich ihrer Interpretation des Charakters entgegen aller Annahmen nicht an *Vogue*-Chefredakteurin Anna Wintour, auf der die Buchversion der Miranda Priestly basiert, sondern an so manchen Männern, die sie kennt. Und an Cruella de Vil.

## Die Faszination hinter den skrupellosen Frauenfiguren

Irgendetwas fasziniert uns an diesen Frauen. Und irgendwo, tief in meinem Inneren verborgen, habe ich zumindest früher für Figuren wie Miranda Priestly einen gewissen Respekt verspürt, der sich sehr falsch anfühlte, und ihren Ehrgeiz, sich in einer männerdominierten Welt durchzusetzen, bewundert. Obwohl sie auf ihrem Weg nach oben zahlreichen Menschen unrecht getan hat, ist sie nun mal eine echte Hustlerin, die vor nichts zurückschreckt und der Welt zeigt, dass auch Frauen so richtig auf den Putz hauen können. Wenn sie dir die Tür nicht öffnen und dich hineinbitten, dann renn die gottverdammte Tür ein!

Die Tatsache, dass uns Menschen das Böse in all seinen Facetten fasziniert, ist grundsätzlich nichts Neues, denn nicht umsonst lauschen wir täglich den schlimmsten Kriminalfällen in Podcasts oder bingen Serien wie »Dahmer« an einem Tag auf Netflix. Eine Erklärung für unsere fragwürdige Liebe zu manchen Verbrecher*innen liefert eine Studie der Northwestern University in den USA.[100] Die Untersuchung fand heraus, dass uns Bösewicht*innen insbesondere dann faszinieren und anziehen, wenn sie unserem eigenen Ich ähnlich sind, also quasi eine »dunkle Version« unserer selbst verkörpern.

Vor allem tritt dieser Effekt bei fiktionalen Figuren ein. Denn niemand vergleicht sich schließlich gerne mit realen Frauen, die andere ausgebeutet oder feministische Ideologien aus egoistischen Gründen ausgenutzt haben. Bei Charakteren, die es im echten Leben gar nicht gibt, fällt uns dieser Schritt viel leichter, da wir durch unsere Sympathie zu ihnen nicht direkt unsere gesamte Persönlichkeit infrage stellen müssen, sondern gefahrlos mit unserer »bösartigen« Seite in Berührung kommen können.

Solange wir diese Gedanken haben, wenn wir einen Film streamen: sei's drum. Seht euch »Der Teufel trägt Prada« so oft an, wie ihr wollt. Dennoch laufen wir längerfristig Gefahr, die Verhaltensweisen dieser Figuren als inspirierenden Ehrgeiz zu glorifizieren und sie cool zu finden, je mehr wir uns mit ihren Geschichten auseinandersetzen. Also lasst uns immer im Hinterkopf behalten, dass Figuren wie Miranda Priestly nicht in einem Vakuum entstanden und frei erfunden sind, sondern mehr mit der Realität zu tun haben, als uns lieb ist.

Noch besser, als sich von solch teilweise negativen Vorbildern inspirieren zu lassen, wäre es doch, ganz Millennial- und Gen-Z-like auf die Kraft der positiven Affirmation zu setzen und sich mit anderen Geschichten aus der Welt der Popkultur zu umgeben, oder? Nehmen wir zum Beispiel den ikonischen Film »Natürlich Blond«. Der Film dreht sich um die modebewusste Elle Woods (dargestellt von Reese Witherspoon), die von ihrem Freund abserviert wird, weil dieser in Harvard Jura studieren und sich auf seine Karriere konzentrieren will. Angespornt durch diesen Korb beschließt Elle, ebenfalls an derselben Elite-Uni Jura zu studieren und ihren Ex mit guten Leistungen im Studium zu beeindrucken und zurückzugewinnen. Aufgrund ihres sehr girliehaften Auftretens und ihrer Vorliebe für pinke Kleidung und Kugelschreiber mit Plüschbommel wird sie sowohl von den Dozent*innen als auch von ihren Mitstudierenden belächelt und unterschätzt. Im Verlauf des Films entwickelt sie sich von einer männerorientierten Frau hin zur erfolgreichen Jura-Absolventin, die sich selbst und allen Menschen um sich herum bewiesen hat, dass sie nicht das naive Blondchen ist, für das man sie zu Beginn hielt.

Dass auch »Natürlich Blond« das toxische »Du kannst alles schaffen, wenn du nur hart genug an dich glaubst«-Narrativ bedient, ist leider unübersehbar. Der Film setzt sich jedoch auf witzige Art und Weise mit der Diskriminierung von Frauen auf Basis ihres Auftretens in bestimmten Branchen oder Studienfächern auseinander und bekräftigt uns somit, zu uns selbst zu stehen und uns auch im Job für niemanden zu verstellen. Auch nicht für den Mann oder die Partner*innen, den oder die wir für die Liebe unseres Lebens halten. Außerdem lernen wir von der von Natur aus freundlichen Woods im Gegensatz zu vielen anderen weiblichen Vorbildern aus Filmen und Serien, dass man seine Ziele durch Kollegialität und Solidarität erreichen kann, indem sie sich im Laufe des Filmes mit der neuen Verlobten ihres Ex-Freundes, mit der sie zu Beginn noch konkurriert, anfreundet und zusammenarbeitet. Eine Handvoll Learnings, die rückblickend betrachtet ihrer Zeit voraus waren: Klugheit, Erfolg, Femininität und eine Vorliebe für pinke Kleidung, schicke Taschen und Make-up schließen einander keineswegs aus. Elle Woods lehrt uns, dass wir uns nicht an die Verhaltensweisen der Männer anpassen müssen, um erfolgreich zu sein. Eine Erkenntnis, die zumindest mir zu Beginn meiner Laufbahn nicht geschadet hätte.

# LIKE A (GIRL)BOSS

Wir schreiben das Jahr 2014. Beyoncé veröffentlichte gerade ihre Hymne »Flawless«, und im selben Jahr rückten süß und gleichzeitig empowernd (aber bitte nicht zu empowernd, denn hier will ja niemand eine echte Revolution anzetteln, oder?) klingende Schlagworte wie »Girlboss«, »Bossbabe« und »Girlpower« ins Zentrum der kulturellen Wahrnehmung. Berühmte Frauen und solche, die es noch werden wollten, genauso wie diverse Gründer*innen ermutigten uns plötzlich unter dem neu gebrandeten Banner des kapitalismustauglichen Pop-Feminismus dazu, allen Widrigkeiten zum Trotz an unsere Träume zu glauben. Die Zeit schien reif für uns Businessbabes, die zwar wussten, was sie in ihrer Karriere erreichen und wie sie ihr Ego streicheln wollten, aber in Wahrheit keine Ahnung von Solidarität hatten. Und was soll ich sagen. Ich war bereit dafür. Noch mehr: Ich war als weiße, privilegierte Frau am Beginn meiner Laufbahn das perfekte

Girlboss-Opfer. Wieder hätte ich eine kleine gute Fee auf meiner Schulter gebraucht, die mir hätte einflüstern sollen, dass sich ein Blick hinter die Girlboss-Fassade lohnt.

Obwohl die Welt dieses Narrativ bereits allzu gut kannte, begeisterte das neue Gewand, in dem uns das Gespenst des Kapitalismus in den 2010er-Jahren präsentiert wurde, viele junge Frauen. Der Grundgedanke dieser Feminismus-Strömung war an sich nichts Neues und schon Margaret Thatcher, die erste Premierministerin des Vereinigten Königreichs, gab sich als waschechter Girlboss, der in seinem Power Suit dadurch glänzte, das eigene Geschlecht gezielt nicht zu politisieren und die »Frauenkarte« bewusst nicht auszuspielen (wie wir alle spätestens seit der vierten Staffel von »The Crown« wissen). Für dieses Verhalten wurde sie von Feminist*innen immer wieder kritisiert, denn schließlich ermöglichten es erst die Errungenschaften der Frauenbewegung, dass die »Eiserne Lady« eine solch steile politische Karriere hinlegen konnte. Die konservative Thatcher hatte zwar das System durchgespielt, zeigte jedoch kein Interesse daran, selbst feministische Pionier*innenarbeit zu leisten und anderen Frauen den Weg zu ebnen oder deren Probleme zumindest zu thematisieren. Lustig, wenn man bedenkt, dass Thatcher später zumindest von einigen als feministische Ikone gefeiert wurde – zum Beispiel von den Spice Girls. Die Girlband, die uns als Verkörperung von echter Girlpower verkauft wurde, hatte ihren Peak in den Neunzigern und war in Wahrheit viel konservativer, als uns heute bewusst ist. »Margaret Thatcher war das erste Spice Girl, eine Pionierin ihrer Ideologie«, sagte Geri Halliwell einst.[101]

## How to Girlboss

Der Girlboss-Feminismus stellt eine inkrementalistische Herangehensweise an mögliche gesellschaftspolitische Veränderungen dar. Der Begriff Inkrementalismus bezeichnet laut der Bundeszentrale für politische Bildung eine »Reformstrategie der kleinen Schritte« und steht somit für Reformen durch möglichst geringen Aufwand.[102] Das heißt, dass Veränderungen mithilfe von »zur Verfügung stehenden Mitteln und entsprechend der Durchsetzbarkeit« geplant und jederzeit wieder zurückgenommen werden können. Auf gut Deutsch: Der Girlboss-Feminismus ist eine Strömung des geringsten Widerstandes, leicht verträglich und konform mit dem System, das er angeblich kritisiert. Der Girlboss-Feminismus wird oftmals auch als »kapitalistischer Feminismus« bezeichnet oder dem »Choice Feminism« zugeordnet. Letzteres bezeichnet eine feministische Strömung, die sich auf das Individuum statt auf das Kollektiv konzentriert, und geht davon aus, dass Handlungen von Frauen grundsätzlich feministisch seien. Ein einfaches Beispiel: Egal, ob eine Frau Karriere machen oder beispielsweise als Hausfrau leben will, ihre individuell und selbst getroffene Entscheidung gilt als feministisch. Keine der beiden Varianten wird als feministischer angesehen als die andere. Diese Art des Feminismus mag verlockend klingen, übersieht jedoch jene Frauen, die nicht die Möglichkeit haben, ihre eigenen und freien Entscheidungen zu treffen, und richtet sich daher überwiegend an privilegierte und vor allem weiße Frauen. Noch ein Beispiel zur Verdeutlichung: Entscheidet sich eine weiße, privilegierte Frau dagegen, ihre Körperbehaarung zu rasieren, wird sie als Rebellin gefeiert. Macht eine weniger privilegierte Woman of Color dasselbe, könnte ihre Körperbehaarung zum Beispiel am Arbeitsplatz oder in anderen sozialen Situationen nur noch mehr Nachteile nach sich ziehen – in einer Welt, in der sie ohnehin schon diskriminiert wird. Sie hat somit nicht dieselbe Wahl wie die weiße Frau, die ihre Rasierer in den Mülleimer wirft und dafür auf Instagram Hunderte von Likes kassiert, sondern spürt möglicherweise am eigenen Leib, dass dieser aufs Individuum fixierte Feminismus wohl nicht für jederfrau gedacht ist.

»Kapitalistischer Feminismus ist eine exklusive Marketingstrategie, die als inklusive feministische Bewegung dargestellt wird«: So beschreibt das Internet-Lexikon *Urban Dictionary* die zweite problematische Pseudofeminismus-Version für Privilegierte, auf der der Girlboss-Hype basiert.[103] Man nehme die banalsten Botschaften einer gesellschaftspolitischen Bewegung, beraube sie aller Substanz und verpacke sie kapitalismusfreundlich – voilà, der Girlboss ist geboren! Die Prämisse: Bist du eine Frau, die im Idealfall normschön und weiß ist, gilt dein Streben nach der herkömmlichen Definition von Erfolg als harter Einsatz für den Kampf um Geschlechtergerechtigkeit. Ein Kampf, von dem nicht nur du selbst, sondern angeblich auch noch viele Frauen nach dir profitieren sollen. Denn es gibt keine Probleme, sondern lediglich Herausforderungen! Diskriminierung und Chancenungleichheit von Frauen in der Arbeitswelt wurden dank des Girlboss-Spirits somit entpolitisiert und von einer strukturellen auf eine individuelle Ebene verlagert. Und wer es in einer männerdominierten Welt mithilfe reiner Willenskraft und Selbstbewusstsein nicht ganz nach oben schafft, ist wohl selbst schuld und hat sich nicht genug angestrengt.

Sorry, wir haben heute leider kein Foto für dich!

Durch diese Verknüpfung von Feminismus und individueller Leistung fühlte ich mich im Job regelmäßig wie eine knallharte Aktivistin, die den Frauen dieser Welt gerade einen Bärendienst erwiesen hatte, indem sie bei ihrem Vorgesetzten eine Gehaltserhöhung über 50 Euro ausverhandelte. Ich wurde vom Girlboss-Momentum mitgerissen und nahm diesen Lifestyle bereitwillig an. Ich dachte wirklich, dass ich auf diese Weise zu einer besseren, feministischeren Arbeitswelt beitrug. Dabei war das Einzige, das wir Girlbosses wirklich verbesserten (wenn überhaupt!), unser Konto und unser eigener Lebenslauf. Zu seiner Hochzeit war der Girlboss-Hypetrain jedoch unaufhaltsam, weil alles so perfekt und einfach schien. Einfach mal so nebenbei die (Arbeits-)Welt retten? Say no more!

Zu Beginn der Girlboss-Ära war der Begriff durchweg positiv besetzt – meist als Beschreibung einer weißen, selbstbestimmten, femininen, Power Suit tragenden Millennial-Frau in der Instagram-Ära, die Selbstverwirklichung in ihrem Job sucht, weiß, was sie will (nämlich Erfolg im kapitalistischen Sinne), und nicht im Traum daran denken würde aufzugeben. Sie thematisiert ihr Geschlecht zwar, indem sie unter jeden LinkedIn-Post den Hashtag #GRLPWR setzt und sich selbst gerne mit Augenzwinkern als Quotenfrau (ha-ha-ha) bezeichnet, aber fällt nicht durch *zu* politische oder feministische Statements und Forderungen auf. Um bloß nicht ihre männlichen Kollegen, auf die sie angewiesen ist, zu vergraulen.

## Feminismus-Ausverkauf

> »Ich bin, genauso wie jeder Girlboss, ein Wolf im Wolfspelz.«
>
> *Sophia Amoruso in »#GIRLBOSS«*

Nicht nur für die Girlbosses selbst, sondern auch für Konsument*innen hielt der neue Pseudofeminismus ein Versprechen bereit, das einem das Gefühl gab, auf der »richtigen Seite der Geschichte« zu stehen: Wenn du diese strebsamen Frauen unterstützt und ihnen durch deine Kaufkraft und Social-Media-Präsenz zu Erfolg verhilfst, kannst auch *du* zu einer besseren, feministischeren Welt beitragen. Also kauf brav unser neuestes GRLPWR-Merch, her mit deinem hart verdienten Geld, denn schließlich geht's hier um was Großes!

Machtgeilheit, Konsum, finanzieller Erfolg und egoistisches Handeln im kapitalistischen System sollten durch den Girlboss-Feminismus ein hübsches und glitzerndes Re-Branding bekommen – und schon da wird klar, dass das Konzept Girlboss sehr viel mehr mit Ästhetik als wirklichem feministischem Engagement zu tun hat. Was unseren Boomer-Müttern als Konzept der »Powerfrau« präsentiert wurde, die es mühelos schaffte, Karriere, Kinder und Ehe (soll heißen: unbezahlte Care-Arbeit) unter einen Hut zu bringen, war nun in Gestalt des pseudoemanzipierten Girlbosses direkt auf uns Millennial-Frauen zugeschnitten worden.

2014 erschien eine Frau auf der Bildfläche, die sich mit ihrem Narrativ als rotzfreche, aber dennoch seriöse Rächerin aller Frauen in der Businesswelt inszenierte, ohne je *zu* politisch zu werden oder das F-Wort zu oft in den Mund zu nehmen (nicht das Wort, an das ihr jetzt denkt – ich rede natürlich von Feminismus!): Sophia Amoruso. Auf die Frage, ob sie sich selbst als Feministin bezeichnen würde, antwortete die Gründerin wie folgt: »Ja. Ich benutze dieses Wort aber nicht so gerne. Es fühlt sich sehr schwer an und nicht positiv, aber ich bin nicht sicher, warum. Ich denke, das Feministischste, das du machen kannst, ist es, ein Girlboss zu sein. Vielleicht ist Girlboss ein neues Wort für Feminismus.«[104]

Die Veröffentlichung ihres Buches mit dem Titel »#GIRLBOSS« markierte für viele junge Frauen eine neue Ära des Feminismus. In diesem Feminismus reichte es, auf Instagram den richtigen Hashtag zu verwenden, und bei genauerem Hinsehen wurde klar, dass es um nicht viel mehr als unsolidarisches und substanzloses Empowerment einzelner Frauen ging. In ihrem Opus magnum berichtete Amoruso von ihrem rasanten Aufstieg von der mittellosen Betreiberin eines Onlineshops für Secondhand-Mode bis zur erfolgreichen CEO ihres Unternehmens Nasty Gal, das zu seiner Blütezeit Hunderte Millionen US-Dollar erwirtschaftete und über 350 Angestellte zählte. Lebte sie vor ihrer großen Karriere von Ladendiebstählen und verschiedenen Gelegenheitsjobs, so erkannte sie im Laufe ihres Lebens, dass »Geld Freiheit bedeute«, und verpflichtete sich offensichtlich voll und ganz dem Kapitalismus, sobald sie von seinem süßen Nektar gekostet hatte. »Ich will alle aufmischen und Geschichte schreiben«, posaunte die Girlboss-Ikone in ihrem Buch hinaus, und tat so, als würde sie gerade die Arbeitswelt revolutionieren. Rückblickend hätte ihr wohl ein wenig Bescheidenheit ganz gutgetan.

Amoruso erklärte in Interviews immer wieder, was der Schlüssel zu ihrem großen Erfolg sei, nämlich einerseits – ihr habt es erraten – harte Arbeit und eine unzerstörbare Bereitschaft, alles zu geben. Andererseits war es auch Teil von Amorusos selbstgefälligem Geheimrezept, sich als Frau doch einfach mal zu entspannen und nicht ständig darauf herumzureiten, dass man eine Frau sei. Ganz im Stil von Margaret Thatchers Girlboss-Attitude also. Gegenüber dem Magazin *Elle* antwortete sie auf die Frage, ob Frauen am Arbeitsmarkt noch immer mit Herausforderungen zu kämpfen haben: »Das habe ich gehört. Aber bei Nasty Gal ist das nicht der Fall. Wenn Frauen in meiner Firma mit Herausforderungen kämpfen, dann nicht, weil sie Frauen sind. Ich bin so froh, dass ich eine Firma erschaffen konnte, in der das nicht so ist.«[105] Sie führte weiter aus, dass sich Frauen nicht ständig als »die Frau im Raum« sehen und sich dementsprechend verhalten sollen, sondern lediglich wie ein weiterer Teilnehmer an einem Gespräch. Sie leitet uns genau genommen ganz offen und unverblümt dazu an, all die systemisch bedingten Widrigkeiten, mit denen Frauen in der Business-Welt zu kämpfen haben, zu ignorieren, sie runterzuschlucken und uns an die Gegebenheiten anzupassen.

So kometenhaft ihr Aufstieg und so perfekt ihre Inszenierung auch waren, so schnell brach ihr Narrativ in sich zusammen: 2016 sollte Nasty Gal schließlich Insolvenz anmelden und es kamen Geschichten über Amoruso in Umlauf, die so gar nicht girlbossmäßig waren. Im Jahr 2015 wurde Nasty Gal verklagt, nachdem Mitarbeiterinnen aufgrund von Schwangerschaften gefeuert worden sein sollen. Eine Praxis, die in Kalifornien (und ebenso in Deutschland, in

Österreich und der Schweiz) gegen das Gesetz verstößt. Im Zuge dessen erzählten ehemalige Mitarbeiter*innen im Internet von einem »toxischen Arbeitsumfeld«, das in Amorusos Firma geherrscht haben soll. Nasty Gal wurde 2017 nach der Insolvenz aufgekauft, im selben Jahr erschien sogar eine Netflix-Serie, die auf Amorusos Buch basierte. Dem Hype ums Girlboss-Mindset hat das alles nur bedingt geschadet, denn dieses in Millennialpink getunkte Lovechild von Kapitalismus, Hustle Culture und Pseudofeminismus verfolgt uns bis heute.

Nach dem Konkurs von Nasty Gal gründete Sophia Amoruso schließlich ein Unternehmen namens Girlboss (wie originell!), das als »LinkedIn für Frauen« vermarktet wurde und unter anderem Konferenzen mit dem klingenden Namen »Girlboss Rallies« veranstaltete. Im Jahr 2020 trat Amoruso als CEO des Unternehmens zurück, ein Schritt, den sie mit sinkenden Einnahmen durch die Pandemie begründete. In dem Instagram-Post zu ihrem Rücktritt versicherte sie, sie »werde immer *der* Girlboss bleiben«, was zu diesem Zeitpunkt mehr wie eine Drohung als wie ein heilvolles Versprechen klang.[106]

In ihrem Buch »Trick Mirror« schreibt die Autorin Jia Tolentino in einem Kapitel mit dem treffenden Untertitel »Die Geschichte einer Generation in sieben Betrugsmaschen« über das Girlboss-Phänomen, dass Amorusos Buch eine »Übung in motivationsgerichteter persönlicher Markenbildung« mit »schrägem Cinderella-Bezug« sei und sich die Begründerin des Phänomens selbst idealisiere, ohne es zuzugeben.

Der Girlboss-Hype ist also nichts als attraktiv vermarktete (Selbst-)Ausbeutung unter dem Deckmantel des Feminismus. Du bist überarbeitet, körperlich am Ende und um deine mentale Gesundheit kümmerst du dich, wenn du endlich diese eine Beförderung bekommen hast? Yas, Queen!

Der Hype griff übrigens sogar in unser Beziehungsleben und unsere Freundschaften ein: Taylor Swift machte es mit ihrem berühmten Girl Squad vor, ihrem Freundinnenkreis bestehend aus Berühmtheiten wie Emma Stone, Gigi Hadid und Selena Gomez. Mit ihnen posierte sie auf Bildern, als wären sie die weiblichen Avengers der Popkultur, die gekommen waren, um das heilige Evangelium der Powerfrauen zu verbreiten. Was eigentlich als empowerndes Zurschaustellen von Frauenfreundschaften unter mächtigen Celebritys gedacht war, versprühte schnell diesen gewissen »Girls Club – Vorsicht bissig«-Vibe. Die Conclusio, die Fans der Stars daraus zogen: Umgib dich mit Menschen, mit denen du deinen Girlboss-Spirit teilst, die dich inspirieren, aus deiner Comfort Zone locken, auf Instagram taggen und im Leben voranbringen – und bitte sieh dabei doch bitte verdammt noch mal makellos aus! Die kapitalistische Verwertungslogik der Girlbosses wollte offensichtlich auch noch diesen Lebensbereich erobern und den letzten Spaß, den wir beim Verspeisen von meterlangen Pizzen mit unseren BFFs auf der Couch haben, während wir absolut unproduktiv sind, im Keim ersticken

## Hochmut kommt vor dem Fall

Es dauerte nicht lange, bis die Girlboss-Fassade so richtig zu bröckeln begann – mit ein Grund, warum der Girlboss-Begriff von einer empowernden Selbstbezeichnung zur negativen Fremdzuschreibung wurde. Skandale wie der um Sophia Amoruso zeigten, dass Frauen wohl doch keine perfekten, diskriminierungsfreien Wesen waren (und sind), die die Welt mit jedem Wimpernschlag besser machten. Ich für meinen Teil war schockiert!

Heute steht das Schlagwort Girlboss für elitäres Denken, den Erhalt von alten, patriarchalen Strukturen und die endlose Gier nach Erfolg im kapitalistischen System. Im Grunde verlangte diese neue Form des Feminismus von Frauen, sich schlichtweg wie die »besseren Männer« zu verhalten, also sich nach oben zu kämpfen, die Ellenbogen auszufahren und die Verhaltensweisen nachzuahmen, die in unserer Gesellschaft als Erfolg versprechend und ehrgeizig geframed werden. Ob das bedeutet, dass man als Girlboss beispielsweise andere Frauen ausnutzt, sie zu Hungerlöhnen Überstunden schieben lässt oder in Gegenwart der männlichen Kollegen in deren alltagssexistischen Mittagspausen-Talk miteinsteigt – ganz egal, schließlich ist man selbst erfolgreich. So rechtfertigte das große Ziel des Erfolges oftmals die Mittel.

## Die 6 großen Girlboss-Enttäuschungen

| Expectation | Reality |
|---|---|
| · selbstbestimmt und stark | · machtgeil und opportun |
| · empowernd | · weißer Mann im Frauenkörper |
| · Kämpft für Selbstverwirklichung | · Hetzt einer kapitalismusverträglichen Definition von Erfolg hinterher |
| · Gibt niemals auf ... | · ... außer ihre toxischen Verhaltensweisen am Arbeitsplatz kommen ans Licht |
| · Feministische Kämpferin und Wegbereiterin für andere Frauen | · Egoistische Instagram-Clicktivistin, die sich dem System verpflichtet hat |
| · Steht für ihre Prinzipien ein | · Hat Angst vor »zu viel Feminismus« und will gemocht werden |

Wer »Girlboss-Feminismus« sagt, muss übrigens »White Privilege« hinterherschieben, denn beides geht Hand in Hand. White Privilege beschreibt die Privilegien, die weiße Menschen gegenüber Menschen of Color genießen. Die Autorin Peggy McIntosh, die den Begriff maßgeblich geprägt hat, nachdem er im Rahmen der Bürgerrechtsbewegung erstmals aufgetaucht ist, beschreibt das Weißsein als »unsichtbaren Rucksack« voller Privilegien, den weiße Menschen zwar nicht bewusst wahrnehmen, aber täglich nutzen.[107] Bekommt man als weiße Person einen Job beispielsweise nicht, für den man sich beworben hat, wird man nicht darüber nachdenken müssen, ob die eigene ethnische Herkunft der Grund dafür ist.

Der Ansatz des White Privilege spielt in Verknüpfung mit dem Girlboss-Hype auf jeden Fall eine wichtige Rolle in der Verortung des Konzepts. Ein Feminismus, der sich vorrangig an weiße Frauen aus der oberen Mittelschicht wendet, kann niemals ein Feminismus für alle Frauen sein, denn er grenzt viel zu viele aus. Der Girlboss-Feminismus kann somit klassistisch, rassistisch und sexistisch sein und trägt dadurch zum Erhalt der Strukturen bei, gegen die sich Feminismus eigentlich auflehnen sollte. Nur dass eben Frauen anstatt von Männern im Chef*innensessel sitzen. Dass der Girlboss-Feminismus den Anspruch der Intersektionalität nie an sich gestellt hat, ist einer von zahlreichen Fehlern des Konzepts.

## Das böse Erwachen & ein kleiner Hoffnungsschimmer

Die bittere Erkenntnis, die alle Fans des Girlboss-Feminismus (also auch mich) früher oder später ereilte: Wir konnten uns noch so sehr anstrengen, uns der kapitalistisch-feministischen Selbstoptimierung zu verpflichten, aber all diese individuellen Bemühungen machten im Großen und Ganzen keinen Unterschied. Denn wenn lediglich der eine oder andere Posten von einer Frau anstatt eines Mannes besetzt wird, die durch das bestehende System aber gezwungen ist, nach den alten Regeln zu spielen, um erfolgreich zu sein, verändert das rein gar nichts an den Strukturen – egal, ob es um unsere Bezahlung, den Jobwiedereinstieg von Müttern oder Sexismus am Arbeitsplatz geht.

Wenn wir den Frauen, die nach uns kommen, die Tür vor der Nase zuschlagen, die wir gerade erst so mühsam geöffnet haben, sind wir keinen Deut besser als unsere chauvinistischen und selbstgefälligen Kollegen, die wir so gerne kritisieren. Denn einer der größten Trugschlüsse des Girlboss-Feminismus ist folgender: Leider wird nicht alles automatisch besser oder empowernd, nur weil eine Frau anstatt eines Mannes die handelnde Person ist. Im Gegenteil: Auch wir Frauen wurden in einer sexistischen, diskriminierenden Welt sozialisiert und in eine rationalisierte Arbeitswelt eingeführt, in der Profitmaximierung das oberste Gebot ist. Gleichzeitig wird uns von allen Seiten eingebläut, dass es im Job ein männliches Ideal nachzuahmen gilt. Wie sollten wir es unter diesen Bedingungen schaffen, etwas zu verändern, indem wir einfach nur unsere Karriere vorantreiben?

Oder, wartet: War eine solche Veränderung überhaupt je das Ziel der Girlbosses? Oder ging es die ganze Zeit nur um unseren eigenen Erfolg – gepaart mit einer zeitgeistigen Selbstinszenierung? Der Girlboss-Feminismus war wahrscheinlich niemals dazu da, die Arbeitswelt umzukrempeln und für mehr Gleichberechtigung zu sorgen, auch wenn wir alle so gerne daran geglaubt haben. Und genau das ist der Grund, warum es endgültig Zeit ist, diesen Fake-Feminismus hinter uns zu lassen. Es soll hier aber nicht darum gehen, mit dem Finger auf die einzelnen Frauen zu zeigen, die letzten Endes auch nur versucht haben, in einem ausbeuterischen

System Chefin ihres eigenen Lebens zu sein. Es soll lediglich darum gehen, unsere Mindsets zu hinterfragen und zu verstehen, dass wir hier mehr oder weniger in eine sehr, sehr gut getarnte Falle getappt sind.

Ein Beispiel dafür, dass alles im Leben etwas Positives an sich hat (sorry für diesen Boomer-Kalenderspruch), ist der Fakt, dass sich sogar dem Girlboss-Movement etwas Gutes abgewinnen lässt. Denn auch wenn es höchst problematisch ist und uns eine stark individualisierte Form von Feminismus verkaufen will, hat es mit großer Sicherheit viele Frauen empowert – und ich bin eine von ihnen. Ohne diesen weichgespülten »Du kannst alles schaffen«-Feminismus hätte ich vielleicht niemals die Kraft von feministischem Denken entdeckt und verstanden, auch wenn das Ganze mir die Türen in den Vorhof der Hustle-Culture-Hölle geöffnet hat. Dass ich im Girlboss-Lifestyle etwas fand, mit dem ich mich zu Beginn meiner beruflichen Laufbahn identifizieren konnte, hat mit Sicherheit zu meinem Selbstbewusstsein im Job beigetragen und mich darüber nachdenken lassen, was ich mir als junge Frau von einem Job in einer männerdominierten Arbeitswelt erwarte und erhoffe. Die Autorin und Journalistin Samhita Mukhopadhyay teilt in einem Artikel für *The Cut* diese Wahrnehmung und bricht eine Lanze für den ansonsten mittlerweile so verhassten Girlboss-Feminismus.[108] Sie habe wahrgenommen, dass dieser Lifestyle unter anderem auch Women of Color angespornt und darin bestärkt habe, ihre Ziele zu verfolgen, und ihnen den Glauben gegeben habe, über ihre beruflichen Laufbahnen entscheiden zu können.

Und wisst ihr, was uns der Girlboss-Feminismus außerdem hinterlassen hat? Einen Haufen fabelhafter Memes, die uns dabei helfen, diese feministische Ära zu verarbeiten.

Früher schlugen mir zahllose inspirierende Sprüche für angehende Businessbabes à la »They told me I couldn't. That's why I did« aus meinem Feed entgegen, heute ist eher das Gegenteil der Fall. Der Tenor: Der Girlboss muss sterben, damit wir leben können! Eines der in diesem Zusammenhang beliebtesten Formate lautet »Gaslight, Gatekeep, Girlboss« – eine Aufzählung in Anlehnung an das Nonsens-Mantra »Live, Laugh, Love«, die laut einer Interpretation des Memes entlarven soll, was Girlboss eigentlich bedeutet: Verarsche alle, schlage ihnen die Türen vor der Nase zu und sei verdammt noch mal ein Girlboss, wie er im Buche steht.

Dass wir heute über den Girlboss-Feminismus lachen und in Form von Memes in die digitale Welt hinausposaunen, dass wir alle über ihn hinweg sind, ist vielleicht einfach nur ein Weg, um mit der herben Enttäuschung umzugehen, die diese ganze Idee in Wahrheit war. Haha, wir haben doch nicht mal eben die Arbeitswelt für all die hart malochenden Frauen revolutioniert! Eigentlich lustig, dass wir drauf reingefallen sind, oder? LOL. Manchmal tut es einfach auch gut, über sich selbst zu lachen. Erkenne an, dass du eine Witzfigur bist, und claime deinen eigenen Cringe, bevor andere es tun. Denn sometimes all a Girlboss needs is a Girlbreak. Eines meiner liebsten viralen Anti-Girlboss-Statements stammt übrigens von der Twitter-Userin @eggshellfriend: »I do not want to be a woman in the work force!!! I want to be a little creature drinking from a creek!!!!!!«, schrieb sie.[109] Und beinahe 120 000 Menschen stimmen ihr zu.

## 10 Warnsignale, die darauf hindeuten, dass du ein Girlboss bist

Wir alle wissen: Selbsterkenntnis ist der erste Weg zur Besserung – und vielleicht auch der schwierigste. Aber keine Sorge, wir sind hier in diesem Girlboss-Safespace ganz unter uns, und niemand wird dich für die Warnsignale verurteilen, die du gleich ankreuzen wirst. Auch du solltest dich nicht dafür verurteilen und ehrlich zu dir selbst sein, denn immerhin bist du offensichtlich bereit, deine Einstellung zu überdenken. Und alleine dafür solltest du dir auf die Schulter klopfen.

Also, spitz deinen Lieblingsbleistift und kreuze alle Statements an, in denen du dich wiedererkennst.

- ☐ Du sagst Dinge wie »Man kann alles erreichen, wenn man nur hart genug dafür arbeitet« oder »Ich brauche keine Frauenquote«.

- ☐ Deine Business-Vorbilder heißen mit Nachnamen Kardashian und du fandest die Serie »Inventing Anna« echt inspirierend.

- ☐ Im Job fährst du die Ellenbogen aus und findest, jede*r kämpft für sich alleine. Wenn jemand deine Hilfe braucht, denkst du zuerst darüber nach, was für dich dabei rausspringen könnte.

- ☐ Du findest, dass du »anders als die meisten Frauen« bist, und arbeitest lieber mit Männern, weil du glaubst, sie sind »weniger zickig«.

- ☐ Auf deinem Wochenplaner/Kuli/T-Shirt prangen die Buchstaben GRL_PWR, mit Feminismus hast du dich aber noch nie wirklich beschäftigt.

- ☐ Der Gender Pay Gap ist deiner Meinung nach der Tatsache geschuldet, dass viele Frauen (außer dir natürlich!) einfach nur schlecht im Verhandeln sind.

- ☐ Über dein Gehalt sprichst du mit deinen Kolleg*innen nicht, auch wenn sie nachfragen. Sie verdienen weniger als du, obwohl sie die gleiche Arbeit machen? Ihr Problem!

- ☐ Du bist weiß und/oder bürgerlich und behütet aufgewachsen und hast noch nie darüber nachgedacht, dass diese Privilegien nicht jeder Frau zuteilwerden und dir die bestmöglichen Ausgangsbedingungen in der Jobwelt beschert haben.

- ☐ Dein großer Traum ist es, an der Spitze eines Unternehmens zu stehen oder selbst eines zu gründen.

- ☐ »Ich will nicht wie die Frau im Raum gesehen werden.« Dieser Satz könnte aus deinem Mund stammen, denn du findest, dass Frauen sich selbst aus ihrer »Opferrolle« manövrieren müssen.

# UNSERE CAPITALIST QUEENS

Der Girlboss-Feminismus war für mich unterm Strich trotz so mancher Empowerment-Momente eine bittere Enttäuschung. Wisst ihr, was aber das Schlimmste an der Sache ist? Nein, nicht dass ich von da an meine GRLPWR-Notizblöcke verbrennen und Amorusos »#GIRLBOSS« ganz hinten in meinem Bücherregal verstecken musste. Rückblickend betrachtet ist das Schlimmste daran, dass auch das Ende des Businessbabe-Momentums noch nicht Weckruf genug war, um mich von der popkulturell angehauchten Hustle-Culture-Agenda zu lösen – oder sie zumindest zu durchschauen. Zugegebenermaßen ist das auch gar nicht so einfach – und an dieser Stelle muss ich mich selbst daran erinnern, dass ich nicht so streng mit mir sein darf. Immerhin sind wir alle umgeben von weiblichen Vorbildern, die uns vermitteln, Frauen können nur dann erfolgreich sein, wenn sie der Welt unermüdlich beweisen, dass sie (im wahrsten Sinne des Wortes) zu allem fähig sind. Sei es in Form von Realityshows, Serien oder Erfolgsgeschichten, die wir auf Social Media präsentiert bekommen.

Da wären zum Beispiel Kim Kardashian und die berühmt-berüchtigte Hochstaplerin Anna Sorokin aka Anna Delvey. Was haben diese beiden Frauen gemeinsam? Auf den ersten Blick könnten sie nicht unterschiedlicher sein – die eine ist erfolgreiche Unternehmerin, Influencerin und Realitystar, die andere gelangte durch Abzocke und ein Netz aus Lügen zu fragwürdigem Ruhm in der New Yorker High Society, die sie jahrelang hinters Licht führte und um hohe Geldsummen betrog, weshalb sie schließlich im Gefängnis landete. Aber was will ich euch hier erzählen – ihr habt bestimmt genauso wie ich die gehypte Serie »Inventing Anna« direkt am ersten Wochenende gebinged.

Kim und Anna haben zugegebenermaßen nicht viel gemeinsam, eine Sache ist jedoch unübersehbar: Sie beide sind echte Hustlerinnen – wenn auch auf sehr unterschiedliche Art und Weise. Anna Sorokin zeigt uns mit ihrer Geschichte, dass man es durch Manipulation und schamloses Ausnutzen eines fehlerhaften Systems an die Spitze schaffen kann, denn am Ende springt vielleicht sogar eine eigene Netflix-Serie für dich raus. Kim Kardashian hingegen will uns ein Leben als hart arbeitende Frau schmackhaft machen, indem sie es mit der richtigen Prise Glamour garniert und uns mit ihrer Erfolgsgeschichte dazu anspornt, unser bestes (heißt in dem Fall: produktivstes) Ich zu sein. Und gleichzeitig schafft sie es, uns das Gefühl zu geben, als wären wir faule Wesen, die im Gegensatz zu ihr keine Ahnung haben, was richtige Arbeit eigentlich bedeutet.

»Ich habe den besten Ratschlag für Frauen in der Business-Welt: Kriegt euren verdammten Arsch hoch und arbeitet. Es sieht so aus, als wollte heutzutage niemand mehr arbeiten.«[110] Mit diesem Satz, den sie in einem *Variety*-Interview anlässlich des Starts einer neuen Kardashians-Reality-Serie losließ, für die die Familie einen Deal über zumindest 100 Millionen Dollar abgeschlossen haben soll, verpasste Kim Kardashian – ich will an dieser Stelle nicht übertreiben, aber – Millionen von Frauen einen Schlag mitten ins Gesicht. Nämlich Frauen wie dir, deiner netten Kollegin, mit der du so gerne Mittagspause machst, oder Frauen wie mir, die genau das täglich tun: ihren Arsch zur Arbeit bewegen.

Das Problem bei der ganzen Sache: Diese Frauen sind keine Milliardärinnen wie Kim oder ihre jüngere Halbschwester Kylie, denen ganze Teams zur Verfügung stehen, um ihren Alltag zu bewältigen, und die für einen einzigen Instagram-Post 700 000 US-Dollar oder mehr bekommen. Sie sind alleinerziehende Mütter, Frauen, denen nach dem Mutterschutz der Wiedereinstieg in den Job erschwert wird, Frauen, die strugglen. Sie sind junge Frauen, die in der Jobwelt Fuß fassen möchten, vielleicht sind sie die ersten in ihrer Familie, die Akademikerinnen werden konnten, oder die es endlich gewagt haben, einen neuen Berufsweg einzuschlagen.

Und was ist Kim Kardashian? Sie ist ein Superstar, die Über-Influencerin – und offensichtlich blind für ihre Privilegien und die Kämpfe, die Frauen in der Arbeitswelt tagtäglich ausfechten. Die kontroverse und unter uns gesagt vollkommen dumme Aussage von Kim Kardashian sorgte für einen riesigen Shitstorm in den sozialen Medien: Es hieß, sie habe als Kind reicher Eltern, das in Beverly Hills aufwuchs, keinen blassen Schimmer von der Lebensrealität arbeitender Frauen und verbreite mit ihrer Aussage wieder einmal die absurde Annahme, dass man mit dem richtigen Mindset alles schaffen könne.

Bleiben wir noch kurz bei den Kardashians. Zu Beginn ihrer Karriere wurden sie als trashige Ami-Familie bekannt, die einen Platz im Rampenlicht ergattern wollte und so gar keine Ahnung von Stil hatte. Aus dem anfänglich eher als peinlich wahrgenommenen Reality-Clan wurde im Laufe der Zeit ein Hochglanzimperium, das heute omnipräsent ist. Die Kardashians geben an, welche Looks angesagt sind, welche völlig unrealistische Körperform gerade als erstrebenswert gilt (»skinny thick«!), und verdienen mit Mode, Kosmetik und etlichen anderen Business-Ideen Geld. Und rund um all das hat Momager Kris Jenner gemeinsam mit ihren Töchtern auch noch ein spannendes Narrativ gesponnen.

Denn was ist empowernder, eindrucksvoller und inspirierender als eine richtige Powerfrau (was auch immer das bedeuten soll), die an der Spitze eines erfolgreichen Unternehmens steht? Einflussreiche Frauen scheffeln endlos Kohle, sehen dabei mühelos wunderschön aus, gründen ein Unternehmen nach dem nächsten und sind so ganz nebenbei noch die perfekten Mütter und Ehefrauen. Und irgendwie haben es die Kardashians geschafft, dass all das sogar einen gewissen feministischen Vibe versprüht, und geben uns dieses wohlige Gefühl, dass wir hier popkulturell und gesellschaftspolitisch gesehen Zeug*innen von einer neuen Form des modernen Feminismus und etwas ganz Großem auf der Spur sind. Aber nicht so schnell, denn es lohnt sich, hinter die glitzernde, bis zur Unkenntlichkeit gecontourte Fassade zu blicken.

Erstens ist es selbstredend eine Farce, dass eine Frau wie Kim Kardashian, die in eine wohlhabende Familie mit den besten Kontakten geboren und deren Vermögen im Jahr 2022 auf 1,8 Milliarden Dollar geschätzt wurde, Frauen wie dir und mir Ratschläge gibt. Von Kylie Jenners Ernennung zur jüngsten Selfmade(!)-Milliardärin durch das Wirtschaftsmagazin *Forbes* im Jahr 2019 ganz zu schweigen. Ihr könnt an dieser Stelle pausieren, das Buch kurz schließen und in ein nahe gelegenes Kissen eurer Wahl schreien. Glaubt mir, es hilft. Falls das noch nicht gereicht hat, um euren Blutdruck zu senken: *Forbes* hat Kylie schließlich wieder von der Liste gestrichen, da ihr Unternehmen Kylie Cosmetics wohl doch »bedeutend kleiner und weniger profitabel« gewesen sei als zunächst gedacht.

Aber noch wichtiger: Nach Kim Kardashians verstörender Aussage gegenüber *Variety* meldeten sich nicht nur empörte Fans oder Hater*innen zu Wort, sondern auch ehemalige Angestellte der Kardashians, die sich zu den schlechten Arbeitsbedingungen und der miesen Bezahlung äußerten und einen Einblick gaben, was es bedeutet, für einen echten Girlboss zu arbeiten. Eine Frau, die im Jahr 2015 als Editor für die Apps der Kardashians arbeitete, schilderte beispielsweise, dass sie aufgrund ihres niedrigen Gehalts nur im 99-Cent-Store einkaufen und sich keinen Treibstoff leisten konnte, um mit ihrem Auto zur Arbeit zu fahren.[111]

## Die feministischen Scammerinnen

Aber was hat das Ganze nun mit Anna Sorokin aka Anna Delvey zu tun? Anna Sorokin, die ursprünglich aus Deutschland stammt, zog wahrscheinlich im Jahr 2012 nach New York, änderte ihren Nachnamen in Delvey und gab sich als russische Erbin aus. Ihre Identität gewährte ihr sehr schnell Zugang zur Welt der Schönen und Reichen, den besten Restaurants der Stadt und der Kunstszene. Zumindest bis 2017 aufflog, dass sie alle hinters Licht geführt hatte, sie in acht Anklagepunkten schuldig gesprochen wurde und hinter Gittern landete, weil sie unter anderem Banken und Hotels abgezockt hatte.

Die Netflix-Serie »Inventing Anna« (für die die echte Anna übrigens über 300 000 US-Dollar kassiert haben soll) verkauft uns die Geschichte der Hochstaplerin, die durch einen Artikel im *New York Magazine* aus dem Jahr 2018 weltberühmt wurde, als die einer Frau, die zwar ganz schön viel Scheiße baut und so ziemlich jeden Menschen in ihrem Leben übers Ohr haut, die aber auch etwas an sich hat, das zumindest mich für meinen Teil fasziniert: Ihre Girlboss-Aura ist unübersehbar. Auch die Serie wird nicht müde, uns unter die Nase zu reiben, dass Annas Charisma und ihr Ehrgeiz bemerkenswert sind und sie ziemlich gut in dem war, was sie tat. Sie ist zwar eine durchgeknallte Kriminelle – aber aus irgendeinem Grund bewunderte ich sie und ihre Entschlossenheit, während ich die Serie sah. Auch wenn ich weiß, dass ich das nicht tun hätte sollen. Sie geht unbeirrt ihren Weg und erreicht beinahe all das, was sie sich immer erträumt hat (wäre da nicht dieses kleine Hindernis, das sich

Gesetz nennt). Anna lebt ihre ganz eigene Rachefantasie und niemand kann sie davon abhalten.

Ich sah Anna Sorokin in der Serie als jemanden, der sich allen Widrigkeiten wie Sexismus oder Klassismus zum Trotz in einer zutiefst vom Kapitalismus verdorbenen Welt der Reichen nach oben »arbeitet«. Ich erlebte ihre Betrügereien als »Erfolge«, weil Anna sich gegen sexistische Anzugträger durchsetzt und somit (vermeintlich) am System rüttelt – und ertappte mich dabei, wie ich mich für Annas Girlboss-Mindset begeisterte, obwohl ich glaubte, längst über dieses Narrativ hinweg zu sein. Die Serie erinnerte mich daran, wie schnell man in diese Art der Girlboss-Faszination kippen kann, wenn man grundsätzlich für Geschichten aus der Kategorie »Frauen, die sich durchsetzen« offen ist.

In Wahrheit aber achtet Anna nur auf sich, bereichert sich selbst auf Kosten ihres Umfeldes und schreckt dabei auch nicht vor der Abzocke enger Freund*innen zurück – doch immerhin, so will uns die Serie Annas Geschichte streckenweise verkaufen, hat sie ihre Träume verwirklicht. Und vor allem: Sie hat ihren »Arsch hochbekommen und gearbeitet«, wie Kim Kardashian es formulieren würde. Auch wenn man an dieser Stelle festhalten muss, dass sich die Arbeit von Kim Kardashian von Anna Sorokins Arbeit klar unterscheidet, ihre Arbeitseinstellungen sind sich vielleicht trotzdem ein bisschen ähnlich.

Anna ist aber nicht die einzige vermeintliche Hochstaplerin, die es in jüngster Vergangenheit von den Schlagzeilen bis auf unsere Streaming-Bildschirme geschafft hat und im popkulturellen Kontext gefeiert wird: Auch Elizabeth Holmes, die Gründerin des Biotechnologie-Unternehmens Theranos, geht als absolute Feminist-Scammer-Legende in die Geschichte ein. Sie gründete Theranos mit 19 Jahren, begab sich somit als sehr junge Frau in eine männerdominierte Branche und hatte große Ziele: Sie wollte einen Bluttest entwickeln, der auf Basis nur eines einzigen Tropfens bis zu 240 Krankheiten nachweisen können sollte. 2015 wurde sie von *Forbes* zu Amerikas reichster Selfmade-Frau ernannt und ihr Unternehmen mit 4,5 Milliarden US-Dollar bewertet – nur um diese Bewertung ein Jahr später auf NULL zu korrigieren. Wie es dazu kam? Die ambitionierte Gründerin sammelte von Investor*innen stolze 700 Millionen Dollar für den Test, der letzten Endes nicht funktionierte – und genau das soll Holmes die ganze Zeit gewusst haben. Als sie aufflog, hatte sie mit rechtlichen Konsequenzen und einem Gerichtsverfahren wegen Betrugs zu kämpfen.

Holmes wird vom Netz als »Femme Fatale Icon« gefeiert – sogar T-Shirts mit der Aufschrift »Elizabeth Holmes is my Girlboss« sind im Internet erhältlich. Als sich Holmes plötzlich für ihre angeblichen Machenschaften vor Gericht rechtfertigen musste, war von ihrem Drive nicht mehr viel übrig: Ihre Verteidigung konzentrierte sich darauf, dass sie eine junge, unschuldige, unwissende Frau sei, die von ihrem Ex-Freund, mit dem sie zusammenarbeitete, ausgenutzt worden sei. Plötzlich war ihre Macherinnen-Aura nicht mehr von Nutzen für sie – und schnell wurde sie vom ultimativen Silicon-Valley-Star zum angeblichen Opfer (was ihr die Jury vor Gericht nur bedingt abgekauft haben dürfte, da sie zu einer mehr als elf Jahre langen Haftstrafe verurteilt wurde).

Eine vermeintliche Kleinigkeit, die noch mal besonders

plakativ vor Augen führt, wie sehr sich die Girlbosses dieser Welt an männliche Ideale anpassen: Theranos-Gründerin Elizabeth Holmes wird oftmals nachgesagt, dass sie ihre Stimme im Arbeitskontext verstellt habe. Auch Margaret Thatcher soll mit tieferer Stimme gesprochen haben, nachdem ihr dazu geraten wurde. Der Grund dafür ist, dass tiefere Stimmen oftmals »besser« bewertet und als professioneller und vertrauenswürdiger angesehen werden als hohe, vielleicht sogar schrille Stimmen. Eine Untersuchung ergab, dass Politiker*innen mit tieferen Stimmen eher gewählt werden, weil sie als durchsetzungsfähiger wahrgenommen werden.[112] Außerdem werden sowohl Männer als auch Frauen mit tieferen Stimmen als autoritärer wahrgenommen als solche mit höheren.[113] Die Konsequenz: Frauen, die im Arbeitskontext mit einer tieferen Stimme sprechen, als sie es normalerweise tun würden.

Was Anna und Elizabeth auszeichnet: Sie erreichen ihre Ziele, ohne die tatsächliche harte Arbeit zu tun – was auch eine Kunst für sich ist. Und das führt uns eine Sache ganz besonders vor Augen: Es mag stimmen, dass Frauen, die wir als Vorbilder, als Badass oder Inspiration ansehen, große Träume verfolgen oder sich mit harter Arbeit an die Spitze kämpfen. Fakt ist aber auch, dass diese Träume und die Mittel, die eingesetzt werden, um sie zu erreichen, häufig mehr als fragwürdig sind. Diese Frauen machen sich aus rein egoistischen Gründen die Ideologie des Feminismus zu eigen, berauben sie jeglicher Solidarität, und, wie Jia Tolentino in ihrem Buch »Trick Mirror« schreibt, beuten ebendiese Ideologie aus oder wenden sie auf eine Art und Weise an, die inhaltlich nur noch wenig bis gar nichts mit dem feministischen Grundgedanken zu tun hat. Das führe dazu, dass wir statt dringend notwendiger struktureller Änderungen »privatisierte Nichtlösungen« in Form von ideal vermarktbaren Girlpower-Parolen und Frauenkonferenzen bekämen. Denn es sei heute eine akzeptierte Annahme, dass für Frauen »persönliches Wachstum eine subversive Form von politischem Fortschritt« sei. Diese Idee sei »unzureichend«, aber nicht »komplett falsch«, so Tolentino.

## Määäädchen, du kannst alles schaffen!

Eine Frau namens Sheryl Sandberg spielte eine große Rolle in Bezug darauf, welche Art von Arbeitsmoral uns in den 2010er-Jahren eingebläut wurde. In ihrem Buch »Lean In: Women, Work, and the Will to lead«, das weltweit über vier Millionen Mal verkauft wurde, thematisierte sie mitunter das Fehlen von Frauen in Führungspositionen aufgrund von Sexismus und Diskriminierung. Unter anderem bot sie darin Hilfestellung für (angehende) Business-Frauen, denen sie riet, Macht einzufordern und so ihre individuellen Ziele mit harter Arbeit zu erreichen. Was an dieser Stelle besonders spannend ist: Sandberg hielt in ihrem Werk fest, dass Frauen durch internalisierte Geschlechterrollen auch selbst dazu beitragen, festgefahrene Strukturen und somit Hindernisse für Frauen fortzuführen. Sandbergs Konsequenz: Wir Frauen sollen doch einfach bei uns selbst ansetzen, zuerst uns selbst verändern und die Muster und Rollenbilder, die sich durch unser Aufwachsen und Leben in einer sexistischen und kapitalistischen Gesellschaft in unsere Gehirnwindungen gebrannt haben, einfach ablegen. Nur so können wir es laut Sandberg schaffen, in Führungspositionen zu gelangen, und so für mehr Diversität in der Business-Welt sorgen.

Sandbergs Argumentation ist auf den ersten Blick nachvollziehbar. Es stimmt, dass wir Frauen durch zahllose -ismen in der Jobwelt immer noch diskriminiert werden. Und es ist sicher etwas Wahres an der These, dass wir selbst dazu beitragen – denn auch wenn wir es nicht gerne zugeben, ist keine von uns völlig frei von Sexismus oder anderen diskriminierenden Denkweisen wie Rassismus oder Klassismus. Aber: Sandbergs Argumentation ist auch perfide. Sie verlagert die Verantwortung für die Strukturen, in denen wir leben und arbeiten (müssen), wieder einmal auf jede Einzelne von uns und setzt den Faktor »mehr Frauen in Führungspositionen« mit »dann wird alles besser« gleich. Erinnert stark an den Girlboss-Hype, oder? Statt strukturelle Veränderungen zu fordern und Frauen zu ermutigen, sich aufzulehnen, Solidarität zu leben und alternative Modelle vorzuschlagen, sagt Sandberg: Spiel nach den Regeln, die das Patriarchat erfunden hat, arbeite dich nach oben, setze dich in den Chef*innensessel an den Konferenztisch zu deinen Kollegen, die ziemlich sicher alle alte weiße Männer sind, und klopf dir selbst auf die Schulter. Dass nichts daran feministisch ist und am großen Ganzen genau gar nichts verändert, wird schon niemand merken, denn immerhin hast du anlässlich deiner Beförderung einen inspirierenden Post auf LinkedIn oder Instagram abgesetzt.

Sandberg wurde wie auch Kim Kardashian stark dafür kritisiert, dass sie keine Ahnung davon habe, wie hart die Arbeitswelt tatsächlich für Durchschnittsfrauen sei. Die ehemalige Facebook-Mitarbeiterin Melissa Orr antwortete Sandberg sogar in ihrem Buch »Lean Out: The Truth About Women, Power, and the Workplace«, es könne nicht die Lösung des Problems sein, dass Frauen einfach die Muster von Männern imitieren sollten, um erfolgreich zu werden, sondern man müsse beim System ansetzen, um nachhaltige Veränderung zum Positiven zu bewirken. Gegenüber dem Wirtschaftsmagazin *Forbes* erklärte Orr, es sei offensichtlich, dass die Business-Welt von Männern und ihren Weltbildern erschaffen wurde – und da immer noch wenige Frauen an der Spitze dieses Systems stünden, zeige das klar, dass dieses dysfunktional sei.[114]

Man muss aber nicht immer in die USA blicken, wenn man nach echten Macherinnen sucht, die unser Frauenbild nachhaltig geprägt haben. Ein Beispiel, das ihr alle kennen werdet: Heidi Klum. Ihre Karriere begann 1992 mit der Teilnahme an einem Modelwettbewerb und seitdem hat sie sich ein regelrechtes Imperium aufgebaut. Klum als Model zu bezeichnen, wäre beinahe eine Beleidigung, denn sie ist Unternehmerin, Produzentin und noch so vieles mehr. Und so ganz nebenbei ist sie auch noch Ehefrau und Mutter – und somit sicher für viele ein Vorbild, keine Frage.

Die »Model-Mama«, wie sie in Medienberichten oft genannt wird, gibt sich nicht offen feministisch. Sie inszeniert sich nicht als Pionierin oder Wegbereiterin für nachfolgende Frauen – immerhin muss man ihr zugutehalten, dass sie uns in dieser Hinsicht nichts vormacht. Ein großer Erfolgsfaktor in Heidi Klums Karriere ist die Show »Germany's Next Topmodel«, in der sie jährlich ein Nachwuchsmodel sucht, dem sie durch den Sieg und die damit verbundene Sichtbarkeit im deutschen Fernsehen Hilfestellung beim Start einer Karriere leistet. Könnte man nicht allein das als feministischen Akt werten? Heidi Klum gibt jungen Frauen eine Plattform, auf Basis derer sie als Models, Influencer:innen oder Persönlichkeiten der Entertainment-Industrie durchstarten können. Der Haken: die Art der Plattform, die Klum den (*Heidi-Klum-Voice*) »Määäädchen« bietet – und der Weg dahin.

Immer wieder, aber vor allem im Jahr 2022 stand GNTM heftig in der Kritik: Ehemalige Teilnehmerinnen äußerten sich trotz Verschwiegenheitsklausel zu den vermeintlichen Bedingungen, unter denen sie drehen mussten. So berichtete beispielsweise Lijana Kaggwa, die 2020 im Finale der Show stand und die Sendung freiwillig verließ, dass die Kandidatinnen vom Team manipuliert und ihnen beispielsweise vor den Walks die Füße eingecremt oder eingeölt worden sein sollen, damit sie Probleme beim Gehen bekämen. Diese detaillierten Schilderungen reihen sich ein in die Kritik an GNTM, die schon seit Beginn des Formats im Jahr 2006 omnipräsent ist. Dass Heidi Klum in der Show ein in mehrfacher Hinsicht gefährliches Frauenbild verbreitet, liegt auf der Hand: Zum einen werden die jungen Frauen zu Objekten und Anziehpüppchen degradiert, bewertet und somit abgewertet, sexualisiert und dazu gebracht, vor laufender Kamera ihre eigenen Grenzen zu überschreiten. Du willst nicht zum Nacktshooting antreten? Dann gibt's wohl bei der heutigen Entscheidung kein Foto für dich. Mit dem Male Model willst du auch nicht knutschen, weil du dich dabei nicht wohlfühlst? So wirst du es wohl niemals zu etwas bringen. GNTM hat sich dem Male Gaze, also dem männlichen Blick, der die Darstellung von Frauen immer noch prägt, voll und ganz verschrieben. Man denke nur an die ganzen Shootings, in denen sich die Nachwuchsmodels »sexy« präsentieren sollen – auf eine Art und Weise, die an im schlechtesten Sinne altbewährte Männerfantasien erinnert, blutjung und knapp bekleidet.

Zum anderen wird eine überholte und toxische Definition von Schönheit fortgeführt, die so gar nicht mehr zeitgemäß ist. Hauptsache dünn und groß – und ach ja, schöne, tiefenreine Haut darf auch nicht fehlen. Ja, ich weiß, dass bei GNTM »Diversity« in den letzten Jahren eine immer größere Rolle gespielt hat und auch trans Frauen oder kleine, tätowierte oder ältere Frauen in den Top 20 zu sehen waren. Und sogar Curvy Models – wobei bei dieser Definition von »curvy« einer Frau mit durchschnittlicher Kleidergröße wohl das Lachen im Halse stecken bleiben dürfte. Die Art von Vielfalt, die wir in dieser Show zu sehen bekommen, hat nichts mit dem echten, unperfekten und bunten Leben zu tun, sondern macht sich die positiven Entwicklungen der letzten Jahre zunutze. Sie ist nichts weiter als eine Marketingstrategie, damit wir auf den ersten Blick nicht merken, wie antiquiert die Idee hinter GNTM eigentlich nach wie vor ist.

All das macht Heidi Klum zu einem gefährlichen Vorbild. Die megaerfolgreiche Entertainerin hat sich einen beachtlichen Teil ihres Standings durch das Bedienen von sexistischen Mustern erarbeitet. Das ist unter anderem besonders enttäuschend, da Heidi Klum selbst immer wieder mit Sexismus konfrontiert ist. Erinnert ihr euch noch, als ihre Beziehung zu dem 17 Jahre jüngeren Tokio-Hotel-

Gitarristen Tom Kaulitz bekannt wurde? Heidi wurde für ihren »Toy Boy« belächelt, während prominente Männer, die mit jüngeren Frauen zusammen sind, nur selten mit dieser Kritik zu kämpfen haben und als potente Macker gefeiert werden.

Eine weitere Dimension dieses Formats, die man bei all den Oberflächlichkeiten und der damit einhergehenden Kritik gerne übersieht, ist die Tatsache, dass es in der Sendung um die Karrierewünsche von jungen Frauen geht. An sich eine gute Sache, oder? Hätte man da nicht das Gefühl, dass der große Traum der Teilnehmerinnen schamlos ausgenutzt wird. Im schlechtesten Fall kommen dabei Enthüllungsvideos auf YouTube raus, in denen ehemalige Kandidatinnen schockierende Storys und Erlebnisse teilen. Im besten Fall findet Heidi nicht nur Deutschlands nächstes Topmodel, sondern Deutschlands nächsten Girlboss, immerhin arbeiten einige der Siegerinnen oder Top-Kandidatinnen heute nicht nur als Models, sondern sind Businessfrauen und Influencerinnen mit Millionen Follower*innen.

Und vergesst bloß nicht: »Nur eine kann Germany's Next Topmodel werden.« Ein Satz, der eigentlich alles sagt, was gesagt werden muss. Solidarität unter Frauen existiert in dieser Welt nicht, stattdessen spielt man sie lieber gegeneinander aus und trichtert ihnen ein, dass man gegen andere Frauen »gewinnen« muss, um erfolgreich zu sein.

## Der Start-up-Girlboss

Aber nicht nur einzelne Durchstarter*innen und Unternehmer*innen prägen unsere Wahrnehmung von Erfolg im Job, sondern auch ganze Unternehmen schafften es, uns zu inspirieren. So zum Beispiel das im absoluten Girlboss-Jahr 2014 von der US-Amerikanerin Emily Weiss gegründete Beauty-Start-up Glossier, das auf Instagram heute stolze 2,7 Millionen Follower*innen zählt, und dessen Produkte ihr bestimmt regelmäßig in euren Insta-Werbeanzeigen angezeigt bekommt.

Als sie hauptberuflich noch für die *Vogue* tätig war, gründete sie 2010 den überaus erfolgreichen Beauty-Blog *Into the Gloss,* was in weiterer Folge zur Gründung von Glossier führte. Sie pitchte die Idee für eine von *Into the Gloss* getragene E-Commerce-Plattform für Beauty-Produkte an zwölf Firmen, die sie zu einem Investment bewegen wollte, wovon elf absagten. Der Rest ist Geschichte: Mit nur 33 Jahren war Weiss Chefin einer milliardenschweren Firma, die sie aus dem Boden gestampft hatte. Sie ist bis heute erfolgreich – und das trotz so mancher Rückschläge. Sie soll sehr viel Wert darauf legen, ihre Angestellten in Entscheidungen miteinzubeziehen, ein angenehmes und ästhetisches Arbeitsumfeld zu schaffen und eine empowernde Arbeitskultur zu leben und zu fördern, wie ehemalige Angestellte berichten. Für viele sei Glossier das Sprungbrett gewesen, um eigene Unternehmen zu gründen – sie werden mittlerweile sogar als »Glossier Mafia« bezeichnet.

Natürlich kann niemand eine solche Karriere hinlegen, ohne für den einen oder anderen Fail verantwortlich zu sein. Im Jahr 2020 spielte sich etwas ab, das so gar nicht zur perfekten Fassade von Glossier passte. Weiss musste aufgrund der Pandemie nicht nur alle drei »physischen« Shops schließen und zahlreiche Angestellte entlassen, sondern es wurden Anschuldigungen laut, dass sie rassistische Vorfälle nicht angemessen gehandhabt habe. Nachdem Glossier eine Million Dollar an antirassistische Organisationen und Black Owned Beauty Brands spendete, veröffentlichten 50 entlassene Mitarbeiter*innen einen Brief, in dem sie das Unternehmen der Heuchelei beschuldigten und behaupteten, dass sie nicht ausreichend vor rassistischen Kund*innen beschützt worden seien und bei Glossier eine Arbeitskultur vorherrsche, die den Erfolg von People of Color behindere. Das kratzte am Image und stellte Weiss in eine weniger schmeichelhafte Ecke. Bemerkenswert: Trotz dieser Vorfälle sprechen alle ehemaligen Mitarbeiter*innen, die für ein Porträt im Magazin *Bustle* mit dem klingenden Namen »Last Girlboss Standing« interviewt wurden, in höchsten Tönen von Weiss.[115]

2020 war nicht nur für Glossier ein hartes Jahr. Laut dem Magazin *Fortune* zogen sich in diesem Jahr acht bekannte US-amerikanische Gründerinnen von ihren Unternehmen zurück, weil sie sich angesichts des durch die #BlackLivesMatter-Bewegung immer größer werdenden Bewusstseins für Rassismus mit Anschuldigungen konfrontiert sahen.[116] So beispielsweise Christene Barberich, Mitgründerin und ehemalige Chefredakteurin von *Refinery29*, die lange keine Bilder von Schwarzen oder Plus-Size-Models auf der Plattform zuließ, weil sie laut Anschuldigungen von ehemaligen Mitarbeiter*innen der Meinung war, dass diese nicht zur

Marke passen würden. Im selben Atemzug veröffentlichte die Plattform Artikel zum Thema Antirassismus und erboste durch diesen Clicktivism ehemalige Angestellte of Color so sehr, dass sie unter dem Hashtag #BlackAtR29 ihre Geschichten über die toxische Arbeitskultur im Unternehmen teilten, die laut Berichten von einem starken Konkurrenzdenken geprägt war. Barberich räumte schließlich ihren Posten.

Diese Geschichten veranschaulichen eine Sache sehr gut: Diese Frauen mögen zwar beeindruckende Karrieren hingelegt haben, aber ihr Girlboss-Feminismus ist nicht intersektional, also berücksichtigt nicht die Diskriminierung, die Women of Color, Frauen mit Behinderungen oder queere Frauen erleben, sondern richtet sich überwiegend an weiße Millennial-Cis-Frauen aus dem Mittelstand.

Eine Frau, deren Produkt viele von uns wohl schon das eine oder andere Mal konsumiert haben, ist True-Fruits-Mitbegründerin und Geschäftsführerin Inga Koster. Im Jahr 2006 gründete sie mit ihren beiden Kollegen die Smoothie-Marke, die in der Vergangenheit vor allem aufgrund von sexistischen und rassistischen Werbesujets immer wieder in der Kritik stand. So zum Beispiel, als ein Smoothie namens Sun Creamie mit dem Spruch »Sommer, wann feierst du endlich dein Cumback?« und einem Rücken mit Sonnencreme-Penis darauf beworben wurde. Oder als der Smoothie-Hersteller im Jahr 2017 einen Smoothie in einer schwarzen Flasche in Österreich mit dem Slogan »Schafft es nur selten über die Grenze« promotete.

Auf die Vorwürfe, dass die Sujets problematisch seien, reagierte man bei True Fruits meist mit Unverständnis und der Political-Correctness-Keule à la »Heutzutage darf man aber wirklich überhaupt nichts mehr sagen!«. So erklärte Nicolas Lecloux zum Beispiel gegenüber der *Welt,* dass in dem Team, das die Kampagnen für True Fruits konzipiert, drei Frauen und ein Mann arbeiten würden, somit verstehe er den Vorwurf der Frauenfeindlichkeit aus Prinzip schon einmal nicht.[117] Herr Lecloux, falls Sie das hier lesen, möchte ich Ihnen Folgendes sagen: Frauen können sexistischer sein, als Sie denken. Wir sind in derselben Welt wie Sie aufgewachsen, einem frauenfeindlichen und diskriminierenden System, das unsere Ansichten und Verhaltensweisen maßgeblich geprägt hat.

Aber weiter im Text, denn eigentlich soll es hier um Inga Koster gehen. Auch sie sah keinen Grund, die Shitstorms, mit denen True Fruits immer wieder konfrontiert war, ernst zu nehmen. In demselben Interview mit der *Welt* hielt sie fest, dass sie sowohl in ihrer Beziehung als auch im Job sehr gleichberechtigt sei und daher nicht unter dem Patriarchat leide. Diejenigen, die dies anders sähen und gegen diskriminierende und triggernde Werbung wetterten, fasste Koster unter dem Schlagwort »Meinungsfaschismus« zusammen.

Inga Koster ist der wandelnde Beweis dafür, dass eine Frau im Chef*innensessel noch lange keinen Fortschritt für den Feminismus bedeutet – im Gegenteil. Koster sieht sich selbst als »One of the Boys« und findet es entbehrlich, dass sie immer wieder auf »Frauenthemen« wie eine Quote angesprochen werde, wie sie in einem anderen Interview festhielt.[118] Was lernen wir daraus? Hauptsache, man selbst leidet nicht unter dem Patriarchat und führt ein gleichberechtigtes Leben – warum sollte man sich dann um diejenigen scheren, denen es nicht so geht?

Neben dem Prototyp der weißen, oftmals unsympathischen Business-Frau – und jetzt müssen wir alle stark sein und unsere Liebe zu folgender Frau kurz pausieren – gibt es aber auch noch eine andere Art von Vorbild. In seinem Essay »Sorry, Rihanna, I can't celebrate billionaires – even if they are Black«, der im *Guardian* erschienen ist, erklärt der politische Stratege und Podcaster Akin Olla, warum auch Rihanna uns kein gänzlich unproblematisches Bild einer megaerfolgreichen Frau vorlebt.[119] Durch ihre Brand Fenty Beauty, von der sie 50 Prozent der Anteile hält, und das Wäsche-Label Savage X Fenty wurde der Superstar im Jahr 2021 offiziell zur Milliardärin und somit nach Oprah zur zweitreichsten Entertainerin weltweit. Ihr habt euch für RiRi gefreut, als ihr diese Nachricht damals in eurem Insta-Feed gelesen habt? Nicht so schnell. Darüber, wie Rihannas Unterwäschemarke beispielsweise in Hinblick auf Nachhaltigkeit und Arbeitsbedingungen aufgestellt ist, ist kaum etwas bekannt – was zur Folge hat, dass die Organisation Good on You, die Unternehmen nach bestimmten Faktoren rankt, Savage X Fenty in der schlechtesten Kategorie einordnet. Auch Fenty Beauty soll zum Beispiel ein Zertifikat fehlen, das sicherstellt, dass gewisse Mineralien, die in den Make-up-Produkten verwendet werden, nicht in Minen gewonnen werden, in denen Kinder arbeiten.

Hinter der Kritik an Milliardär*innen steckt aber auch eine viel grundsätzlichere Frage: Wie ethisch kann solch enormer Reichtum sein? Wem hat Rihanna ihn zu verdanken und wie ist er zustande gekommen? Dass Rihanna eine knallharte Business-Frau ist, steht wohl außer Frage – leider genauso wie die Tatsache, dass sie ihren immensen Reichtum mithilfe eines Systems aufgebaut hat, das Frauen – Schwarze Frauen noch mehr als weiße – benachteiligt und ausbeutet.

Für mich ist Rihanna an dieser Stelle ein besonders spannendes Beispiel – nicht zuletzt, weil ich selbst Fan bin. Denn schließlich behält Olla recht, wenn er schreibt, dass in unserer Welt niemand zur Milliardärin werden kann, ohne auf dem Rücken anderer erfolgreich zu werden und sich der Werkzeuge zu bedienen, die unser kapitalistisches System am Laufen halten.

Diese Kombination erscheint mir als besonders gefährlich und unterscheidet die Sängerin grundlegend von so vielen anderen Beispielen. Denn dass Rihanna seit vielen Jahren so etwas wie der Everybody's Darling der Popkultur ist und wir alle vor Freude kreischen, wenn RiRi ihren Babybauch auf Instagram präsentiert, als hätte uns unsere beste Freundin gerade verkündet, dass sie Nachwuchs erwartet, während wir unsere nächste Bestellung bei Fenty Beauty aufgeben, zeigt, ein Capitalist Role Model muss bloß im richtigen, sympathischen Gewand daherkommen, und schon sind wir ihm verfallen.

## Die 5 größten Fehler, die unsere Idole uns vermitteln

- »Es kann nur eine geben«: Egal ob im Modelbusiness oder beispielsweise im Female Rap, wo Nicki Minaj und Cardi B ständig gegeneinander ausgespielt und miteinander verglichen werden. Frauen müssen nicht in Konkurrenz zueinander stehen, sondern können nebeneinander glänzen.

- »Do it like a Dude«: Spiel nach den alten Regeln und du wirst garantiert erfolgreich!

- »Hauptsache, dir geht's gut!«: Seine Privilegien zu hinterfragen, kann unbequem sein, ist für solidarisches Handeln jedoch unabdinglich.

- »Der Zweck heiligt die Mittel«: Fall nicht auf diese alte Binsenweisheit herein, auf die sich Scammerinnen wie Anna Sorokin oder Unternehmerinnen wie Kim Kardashian verlassen, die ihre Mitarbeiter*innen für den großen Erfolg ausbeuten.

- »Alles, was wir machen, ist feministisch« – nur weil wir Frauen sind? Falsch gedacht! Auch Frauen können sich sexistisch, diskriminierend und wie Arschlöcher verhalten.

# THE FUTURE IS SOLIDARISCH!

»Haters gonna hate« besagt schon ein altes, weises Sprichwort, das auch vor Rihanna nicht haltmacht. Und ich als Österreicherin bin natürlich besonders gut im »Sudern«, also im Beschweren über alles Mögliche. Bei all den erdrückenden Fakten, Statistiken, Erfahrungswerten und fehlenden Aussichten auf Besserung ist das schließlich auch nur menschlich, oder?

Trotzdem ist es irgendwann an der Zeit, sich neben der Frage, warum die Sachlage so frustrierend ist, wie sie nun mal ist, auch folgende zu stellen: Was muss passieren, damit es besser wird? Eine Frage, von der ich mir manchmal wünschte, dass ich sie mir schon früher gestellt und deren Wichtigkeit ich gerne früher verstanden hätte.

Nachdem wir uns eingestehen mussten, dass der Girlboss doch nicht die Lösung all unserer Probleme sein kann, und wir festgestellt haben, dass unsere Hustle Culture ebenfalls nicht zukunftstauglich ist, gilt es, eine Leere zu füllen. Was könnte anstelle von machtgeilen, gewinnorientierten, egoistischen Frauen als Nächstes kommen? Was kommt nach der Hustle Culture? Achtung, jetzt wird's deep, aber: Die Antwort auf diese Frage liegt auch ein bisschen an uns, die wir für uns selbst entscheiden können, wie wir die Steine (und Felsbrocken), die uns in der Sphäre der Lohnarbeit in den Weg gelegt werden, aus dem Weg schaffen wollen. Ich bin der Meinung, wir sollten sie vor allem gemeinsam aus dem Weg räumen und nicht als Einzelkämpfer*innen, die sich aus Unwissenheit nicht um die Menschen in ihrem Umfeld scheren.

## Frauen halten zusammen! Oder?

Von klein auf wird uns eingetrichtert, dass wir selbst für unseren Erfolg verantwortlich sind. Wen wundert es da, dass wir diese ganze Scheiße internalisieren? Ein Anzeichen dafür ist das sogenannte Queen-Bee-Syndrom – und nein, ich rede gerade nicht von Beyoncé, sondern von richtigen Bienenköniginnen. Expertin Marita Haas kennt das Phänomen aus der Forschung: »Wenn du es als individuelle Frau in stark männlich dominierten Organisationen geschafft hast, dich hochzuarbeiten, dann erwartest du von anderen Frauen oft unglaublich viel. Du hast es also als Queen Bee geschafft – und die anderen Frauen müssen dir erst mal beweisen, dass sie mindestens so gut sind wie du.« Somit seien Frauen, die den harten Weg gegangen sind und sich einen Platz am Vorstandstisch erkämpft hätten, oftmals diejenigen, die von anderen auch verlangten, denselben Weg zu gehen. »Sie legen oft noch härtere Maßstäbe an den weiblichen Nachwuchs an, als man es von Männern erwartet. Das zeigt, dass sich an unserer Arbeitskultur nichts verändert hat. Wenn man nicht aufgrund seines Geschlechts dazugehört, muss man sich durchkämpfen. Am System hat man aber dadurch nichts verändert«, so Haas.

Wer den Bienenköniginnen allein die Schuld an diesem Verhalten gibt, macht es sich aber auch ein bisschen zu einfach: »Als Frau bleibt dir oft nichts anderes übrig, als dich durchzukämpfen. Deswegen ist es auch wichtig, für Veränderungen bei den Entscheidungsträger*innen anzusetzen, denn sonst muss sich wieder jede einzelne Frau nach oben fighten.« Ein spannender Faktor an dieser Sache, den die Forschende Jane Hurst festhielt, die sich mit Beziehungen zwischen Frauen im beruflichen Kontext beschäftigte:[120] Verstehen sich Männer im Job nicht besonders gut, wird ihr Konflikt nur selten gelabelt. Ist dies unter Frauen der Fall, sind sie direkt »stutenbissig« und unsolidarisch. Von Frauen erwarten wir außerdem viel stärker, dass sie sich auf die zwischenmenschlichen Beziehungen innerhalb des Teams fokussieren. Und somit ist das Ganze wieder mal ein Fall von: Man kann's auch wirklich niemandem recht machen.

Zu verstehen, wie wir diese Verhaltensweisen möglicherweise hinterfragen und ablegen können, um in weiterer Folge nicht so streng mit uns selbst und anderen zu sein, verlangt uns so einiges an Selbstreflexion und Veränderungswillen ab – und ist natürlich nur ein Teil der Lösung eines umfassenden, systemisch verankerten Problems. Ob wir als einzelne Frauen diesen Willen haben, muss jede von uns für sich selbst herausfinden. Haas hält fest, dass es schwierig sei, von jeder Frau automatisch zu erwarten, dass sie sich solidarisch und feministisch verhalte, stetig die patriarchalen und kapitalistischen Strukturen hinterfrage und besonders sensibel für Ungerechtigkeiten sei, nur weil sie eine Frau ist: »Von Männern erwarten wir das auch nicht. Hier müssen wir auch ein bisschen tolerant sein.«

Dass Awareness in Hinblick auf derartige Strukturen und Verhaltensmuster jedoch unabhängig davon ist, ob man eine Position als Entscheider*in bekleidet oder nicht, weiß auch Vera Steinhäuser aus ihrer Arbeit – und erklärt dies anhand eines anderen Beispiels: »Ich höre von Frauen Anfang 30 oft Aussagen wie ›Mit dem Job, den ich jetzt habe, bin ich happy, weiter hinauf muss ich gar nicht‹. Das Spannende ist dann, zu hinterfragen, woher diese Idee kommt.« Der Hintergrund sei nämlich meistens nicht, dass die Frauen nicht mehr können. Sondern dass sie denken, mehr stünde ihnen nicht zu und mehr könnten sie nicht fordern, erklärt die systemische Coachin. »Das Wichtige ist, dass wir hinterfragen und sehen, was wirklich dahintersteckt. Diese Awareness bringt extrem viel Freiheit und schafft Basis für systemische Veränderung. Denn wenn viele Individuen ihre Awareness schärfen, passiert etwas im Kollektiv.« Wie diese kollektive Awareness und die darauffolgende Veränderung aussehen können, zeigt sich zum Beispiel auf ganz besondere Weise im Vereinigten Königreich, wo sich immer mehr Frauen und junge Menschen im Allgemeinen Gewerkschaften anschließen. Die Zeit der Girlbosses ist vorbei, jetzt kommen die (Girl-)Unions! Eine britische aktivistische Gruppierung, die hinter dem jährlich am feministischen Kampftag stattfindenden Streik steht, hat sich zum Ziel gemacht, den Feminismus neu zu politisieren, den die Girlbosses und Businessbabes der letzten Jahre übrig gelassen haben. »Wir haben kein Interesse daran, die Gläserne Decke aufzubrechen, wenn das bedeutet, dass die Mehrheit der Frauen die Scherben aufräumen muss«, so ein Statement der Aktivist*innen in ihrem Manifest.[121]

Aber um unsere eigenen Verhaltensweisen (vor allem gegenüber anderen Frauen) aus einem systemischen Blickwinkel zu hinterfragen und uns vielleicht sogar im Kollektiv zu engagieren, müssen wir erst einmal darüber sprechen, was Solidarität eigentlich bedeutet. Der Begriff stammt aus dem Lateinischen, wo »solidus« so viel wie »fest« bedeutet – so weit, so logisch. Laut Begriffsdefinition beschreibt die solidarische Idee eine gewisse Verbundenheit unter Menschen, die beispielsweise ihre Erfahrungen und Werte miteinander teilen. Und jetzt kommt ein besonders wichtiger Punkt: Solidarität ist das Gegenteil von Konkurrenz.

Ich habe schon oft erlebt, sei es im beruflichen oder privaten Umfeld, dass man als Frau hart dagegen ankämpfen muss, sich nicht ständig in Konkurrenz zu anderen zu sehen – oder sogar von außen dazu gedrängt zu werden. Der Drang, mich selbst mit anderen zu vergleichen und mich dadurch in direkte Konkurrenz zu begeben, ist mir nicht fremd. Angefangen von Äußerlichkeiten bis hin zur Leistung im Job: Wie kann sie so gut aussehen, regelmäßig Sport machen, und dann auch noch auf Instagram ihre beachtlichen beruflichen Erfolge mit uns teilen? Wie schafft die das? Es ist ein bisschen so wie mit Nicki Minaj und Cardi B – den zwei aktuell wohl größten, erfolgreichsten Rapperinnen der Welt. Nicki Minaj war schon lange Teil der Industrie und bescherte uns Hits wie »Anaconda« oder »Super Bass«, als plötzlich Cardi B auf der Bildfläche auftauchte, mit ihrem Hit »Bodak Yellow« die Charts stürmte und alle möglichen Rekorde brach. Die erste Reaktion von Öffentlichkeit und Medien: Es kann nur eine Queen of Rap geben! Immer wieder wurden die beiden Künstlerinnen miteinander verglichen und gegeneinander ausgespielt – aber warum eigentlich? Warum müssen wir uns für eine Königin entscheiden und die andere im gleichen Atemzug schlechtmachen und hassen, wenn sie doch offensichtlich beide toll sind? Das letzte Mal, als ich nachgesehen habe, gab es nämlich auch mehrere sehr erfolgreiche männliche Rapper, die einfach so nebeneinander existieren und sogar kollaborieren können. Dieses Denkmuster, dass es nur eine geben könne, hinter sich zu lassen, ist gar nicht so einfach, oder? Ich bin Fan von Nicki *und* Cardi – und finde, wir sollten uns gegenseitig Erfolge gönnen, ja, stellt euch vor, sogar gegenseitig supporten könnten wir uns doch eigentlich, oder? Kennt ihr dieses Meme, das meist mit Captions wie »This is the Future Liberals want« daherkommt und ein Bild einer utopischen und ultra-spacigen Stadt mit fliegenden Autos zeigt? Ungefähr so stelle ich mir unsere Welt vor, wie sie sein könnte, wenn wir unsere Solidarität zueinander neu entdecken würden.

Ein wesentliches Merkmal von Solidarität ist es, sich gegenseitig rein freiwillig und ohne Hintergedanken zu helfen und füreinander einzusetzen – bloße Lippenbekenntnisse auf Instagram reichen da nicht aus. Der Soziologe Jürgen Habermas hielt außerdem fest, Solidarität bedeute, sich darauf zu verlassen, dass das Gegenüber in ähnlichen Situationen genauso handeln würde, und man sogar etwaige Nachteile in Kauf nehme, um sich für andere einzusetzen. Für Gender Consultant Marita Haas spielt Solidarität auch eine große Rolle, wenn es um Phänomene wie die Great Resignation geht: »Viele haben nicht das Privileg, zu entscheiden, dass sie einen Job kündigen. Darum ist es noch wichtiger, sich solidarisch zu zeigen, füreinander einzustehen und sich gegenseitig zu stärken.«

## Brauchen wir eine kollektivistische Arbeitskultur?

In den bisherigen Kapiteln habe ich euch unzählige Auswüchse unserer individualisierten Gesellschaft aufgezeigt: Von der Hustle Culture über den Girlboss-Hype und den Selfcare-Trend bis hin zur toxischen Confidence Culture. All diese Phänomene rücken uns als Individuen in den Mittelpunkt, können uns belasten, verlangen uns unglaublich viel ab und lassen uns letzten Endes immer wieder gegen Wände oder gegen Gläserne Decken laufen. Apropos Gläserne Decke: Oftmals ist es so, dass auch Frauen, die die Gläserne Decke durchbrechen, immer noch weniger verdienen als Männer.[122] Der Glass-Ceiling-Index, der die Situation von arbeitenden Frauen misst und Faktoren wie Bildung, Beteiligung am Arbeitsmarkt oder Kosten für Kinderbetreuung miteinbezieht, macht fest, wie »einfach« Frauen in einem jeweiligen Land die Gläserne Decke durchbrechen und in ihren Jobs aufsteigen können.[123] Deutschland liegt 2022 auf dem 22. Platz und somit unter dem OECD-Durchschnitt. Frauen haben in Deutschland lediglich 29 Prozent der Managementpositionen inne. Österreich schafft es übrigens auf Platz 13.

Trotz dieser niedrigen Werte hämmern wir so lange gegen die Decken, bis wir merken: Wenn ich nur an mich und meinen eigenen Fortschritt denke, ist das Ganze früher oder später aussichtslos, denn die Strukturen des Patriarchats holen uns immer wieder ein. Der starke Individualismus spiegelt sich auch in der Arbeitskultur wider, die wir täglich erleben. Der Fokus liegt hier auf den Leistungen der Einzelnen, nur selten auf dem Team als Einheit. Der Vorteil dieser Arbeitskultur, die ich nur allzu gut kenne: Wir erleben als Individuen immer wieder Momente des Erfolgs, spüren ein Gefühl der Selbstwirksamkeit und fühlen uns als Personen gesehen. Der Nachteil: Jede*r kämpft für sich – von Solidarität und Zusammenhalt ist hier häufig keine Spur. Hat nicht jede*r von uns Kolleg*innen, von denen wir wissen, dass sie uns bei der erstbesten Gelegenheit unter den Bus werfen würden (im übertragenen Sinne natürlich), wenn sich für sie ein persönlicher Vorteil daraus ergeben würde? Das, meine Damen, Herren und Non-Binaries, ist die individualistische Arbeitskultur.

Im Gegensatz dazu steht die kollektivistische Kultur, die sich logischerweise durch Zusammenarbeit, Zusammenhalt und gemeinsame Leistung auszeichnet. Hier spielen die Dynamiken innerhalb des Teams eine viel größere Rolle, es wird mehr auf Beziehungspflege, Empathie und Emotionen geachtet, da all diese Faktoren die Ergebnisse beeinflussen, die das Team hervorbringen kann. Hat das Team gute Arbeit geliefert, werden hier alle gelobt, auch wenn möglicherweise manche Personen mehr dazu beigetragen haben als andere. Für fragile Egos ist in so einem Setting, das bis zu einem gewissen Grad auf Selbstlosigkeit basiert, also wenig Platz.

Die Dinge, die wir als Gesellschaft aktuell als erstrebenswert ansehen, gelten in einer kollektivistischen Arbeitskultur als egoistisch. Wahrscheinlich liegt die Wahrheit hier (wie fast immer) irgendwo in der Mitte. Beide Stile haben ihre Vor- und Nachteile – nur blenden wir aktuell die Nachteile der individualistisch ausgerichteten Arbeitskultur nur allzu gerne aus und melken die Kuh so lange, bis entweder alle Mitarbeiter*innen am Burn-out kratzen oder noch rechtzeitig die Reißleine ziehen und sich umorientieren. Ich finde, die Vorteile einer kollektivistischen Arbeitsweise sollten viel mehr Einzug in unsere Lebensrealität finden – denn ich glaube, dass nur so ein solidarisches Arbeiten funktionieren kann. Nämlich dann, wenn unsere Arbeitgeber*innen uns den richtigen Nährboden dafür bieten. Expertin Marita Haas findet beispielsweise, dass wir Führungskonzepte grundsätzlich überdenken sollten. Von Schlagworten wie Female Leadership hält sie nicht viel: »Was genau soll das sein? Die weibliche Führung wird gerne als kooperativer und empathischer dargestellt, wodurch wir wieder einen Unterschied herstellen. Eigentlich muss man sagen: Führungskonzepte, wie sie heute sind, sind überholt. Und wir müssen uns überlegen, wie wir sie neu gestalten wollen.«

## Wir machen uns die Welt, wie sie uns gefällt

Manche Frauen, die sich genau diese Frage nach einer möglichen Neugestaltung stellen, wählen den Weg der Selbstständigkeit und gründen ihre eigenen Unternehmen. Das ergibt auch Sinn, denn die bestehenden Strukturen in einem Unternehmen einfach so zu verändern, ist offensichtlich mehr als schwierig und braucht immer Entscheidungsträger*innen, die bereit sind, einen solchen Prozess mitzutragen. Da sich die Anzahl der Feminist Kings in den Chef*innensesseln der Firmen dieser Welt in Grenzen hält, ist das ein logischer Ausweg für all jene, die es sich leisten können und privilegiert genug sind. Bevor ihr jetzt enttäuscht dieses Buch wegschmeißt, weil ihr denkt, mein Lösungsvorschlag für all unsere Probleme sei, dass wir einfach alle etwas gründen sollten, gebt mir bitte noch einen Moment. Denn wenn wir weiterdenken, ergibt dieser Ansatz schon Sinn.

Angenommen, Frauen, die tatsächlich inklusive, feministische, solidarische Leader*innen werden wollen, die sich nicht an altehrwürdigen männlichen Idealen orientieren, stellen eine Organisation auf die Beine – sie werden auch Arbeitnehmer*innen brauchen, oder? Frauen in Führungsebenen beschäftigen sich außerdem laut einer Studie eher mit den Problemen von Women of Color und anderen diskriminierten Gruppen und machen sich eher gegen Diskriminierung stark.[124] Win-win für alle also. Von Frauen gegründete Unternehmen bringen laut Studien übrigens auch mehr »Return on Investment«, da weibliche CEOs risikoärmer und profitorientierter planen.[125]

Ich möchte an dieser Stelle auch alle Männer, die unter den Strukturen des Patriarchats leiden, einladen, zu ebendiesen solidarischen Führungskräften zu werden. Dass es absurd ist, gute Arbeitsbedingungen und sinnvolle Visionen an einem Geschlecht festzumachen, sollten wir nämlich spätestens seit dem Girlboss-Hype wissen.

## 4 Tipps für solidarisches Verhalten im Job –
### von Expertin Marita Haas

- Such den positiven Dialog. Du wirst immer Personen in deinem Team finden, die auch bereit sind, etwas zu verändern.

- Such dir Verbündete! Es gibt immer jemanden, der open-minded ist und der vielleicht wie du im organisationalen Konstrukt feststeckt. Diese Personen sind oft sehr offen für Veränderungsprozesse.

- Tritt für andere ein! Ungleichheiten und Ungerechtigkeit aufzeigen kann man immer. Und: Nicht zu lange warten!

- Erkenne strukturelle Rahmenbedingungen!

Ein Beispiel: »Stell dir vor, du wirst in einem Meeting nicht gehört, weil es der organisatorische Ablauf nicht erlaubt – und weil unsere Vorstellung von Meetings sehr hierarchisch ist. Wenn du als junge Frau nicht zu Wort kommst oder übergangen wirst, hat das sicher eine Senioritätskomponente, aber auch eine organisationsspezifische. Damit du nicht verzweifelst, solltest du erkennen, dass es Strukturen gibt, die das begünstigen. Überlege dir Lösungsvorschläge: Wie wäre es, wenn jedes Mal jemand anderes im Meeting spricht? Eine Option ist auch, von sich weg und ans Ganze zu denken. Wie könnte man das Meeting für alle verbessern?«

## Was ist Erfolg?

»Was ist Erfolg?« ist eine der Fragen, die mich abgesehen von »Meinen wir alle dasselbe, wenn wir etwas als ›Blau‹ bezeichnen?« und »Wann erscheint Lady Gagas nächstes Album?« immer wieder beschäftigen. *Urban Dictionary* listet verschiedene Definitionen von Erfolg – hier eine kleine Auswahl:[126] »Wenn du einmal öfter aufstehst, als du niedergeschlagen wurdest«, »Das Ergebnis von konstantem Streben nach Selbstoptimierung« und »Not Sucking«. Ganz grundsätzlich beschreibt das Wort Erfolg das Erreichen eines gesetzten Zieles. Dieses Ziel kann erst mal ganz individuell sein, denn schließlich wollen wir alle andere Dinge im Leben: eine glückliche Beziehung, eine Wohnung, in der wir uns voll entfalten können, eine Weltreise, ein minimalistisches Leben – was auch immer.

Die Autorin Melissa Orr erklärte in einem Interview mit *Forbes,* wie Frauen es schaffen können, neue Standards für sich zu setzen und ihr eigenes Narrativ zu verfolgen, anstatt sich von der Gesellschaft vorgegebenen Meilensteinen zu fügen.[127] Sie rät unter anderem, zu verstehen, welche Bedürfnisse im Leben ein Job oder ein Unternehmen nie erfüllen werden (können). Echtes Empowerment sei es, diese Bedürfnisse vom aktuellen Job zu lösen. Ein Punkt, den sie besonders hervorhebt: eine neue Definition von Erfolg. Sie halte es für sinnvoll, Erfolg rund um sein eigenes Wohlbefinden anstatt um ein Gefühl des Gewinnens zu definieren. In diesem Sinne könne der Begriff »Wohlbefinden« verschiedenste Bedeutungen haben: zum Beispiel das Gefühl der Kontrolle über das eigene Leben und den Weg, den man gehen will, genauso wie ein Gefühl von Authentizität oder einer bewussten Entscheidung für bestimmte Ziele.

Für Gender Consultant Marita Haas bedeutet Erfolg, über sich selbst hinausgewachsen zu sein – auch wenn ihr klar sei, dass es nach wie vor eine sehr »überhöhte« Vorstellung davon gebe, was Erfolg eigentlich bedeutet. »Vielleicht geht es in der heutigen Zeit gar nicht mehr darum, erfolgreich zu sein, sondern darum, ein gutes Leben zu führen. Ein Leben, in dem diejenigen, die ›erfolgreich‹ sind, und die, die es ›nicht sind‹, nicht so weit auseinanderklaffen.« Coachin Vera Steinhäuser findet, dass sich unsere Definition von Erfolg gezwungenermaßen im Laufe der Zeit ändert – und begrüßt diesen Wandel: »Denken wir an die Achtziger. In Filmen wie ›Wall Street‹ wurde Erfolg in der Popkultur extrem männlich dargestellt, mit sehr eindeutigen Symbolen wie Aktenkoffern, Nadelstreif-Anzügen oder Sportwagen. Das ist heute nicht mehr so eindimensional. Ich glaube, wir claimen als Gesellschaft immer mehr die Definition, dass Erfolg auch etwas mit Purpose zu tun hat, und nicht mehr nur mit finanziellen Markern oder Hierarchien, die man erklimmt, egal für welchen Preis, und egal, auf wessen Kosten.«

Die Autorin, Business-Frau und Mentorin Dr. Margie Warrell schrieb in einem Artikel für *Forbes,* unsere Gesellschaft müsse verstehen, dass wir unser Leben lang einem von anderen definierten, unerreichbaren Ideal nachhecheln werden, wenn wir nicht definieren, was Erfolg für uns persönlich bedeutet.[128] Diese Maßstäbe von außen seien meistens davon geprägt, dass sie uns das Gefühl geben, nie genug zu sein und die Erwartungen von anderen erfüllen zu müssen, anstatt unsere eigenen. Das führe zu Situationen, in denen *eigentlich erfolgreiche* Menschen zutiefst unglücklich mit ihrem Leben seien. Warrell rät dazu, nach einem Sinn im eigenen Tun zu suchen – einer davon könnte sein, dass wir andere empowern und in ihrer Laufbahn bestärken wollen.

Wir müssen bedenken, dass das Suchen und Finden von Sinn in unserem Job zwar positiv sein kann, jedoch im Grunde bloß das System füttert. Denn wie Studien zeigen, sind Menschen, die das Gefühl haben, sinnvolle Arbeit zu verrichten, produktiver und zeigen mehr Einsatz – und verdienen mehr.[129] Hier beißt sich die Katze in den Schwanz, was nicht bedeuten muss, dass der Ansatz grundfalsch ist. Es wird nur deutlich, dass wir in einem kapitalistischen System niemals gänzlich ohne die zugrunde liegenden Mechanismen werden arbeiten können.

Natürlich muss ich mir an dieser Stelle auch die Frage stellen, was für mich persönlich Erfolg bedeutet. Die Art von Erfolg, die mir in den letzten Jahren als erstrebenswert vorgelebt wurde, hatte in erster Linie mit Finanzen, Zahlen und der eigenen Position im Job zu tun und weniger mit Menschlichkeit, Erfüllung oder gar Solidarität. Bitte versteht mich nicht falsch, ich möchte an dieser Stelle nicht völlig den Bezug zur Realität verlieren und euch sagen, dass wir alle uns vom Streben nach finanzieller Sicherheit und Prestige lösen müssen, um ins nächste Level aufsteigen zu können. Wir leben immer noch in einem kapitalistischen System, in dem wir alle zurechtkommen und überleben müssen, und außerdem verlangt niemand von euch, euch so einfach von den Dingen, die die Gesellschaft uns als erstrebenswert und wichtig verkauft hat, frei zu machen. Aber wir könnten doch einfach mal darüber nachdenken, was Erfolg im Job für uns in der Zukunft bedeuten könnte. Und im Zuge dessen können wir auch direkt neu framen, welche Verhaltensweisen im Job als schwach und negativ angesehen werden. Stellt euch vor, ihr sitzt bei einem Bewerbungsgespräch und euer Gegenüber fragt euch nach euren Stärken – und anstatt von No-Brainern wie Teamfähigkeit und Ehrgeiz sagt ihr selbstbewusst: »Feminismus, Solidarität und Mental Health!« Und stellt euch vor, der oder die Vorgesetzte wäre schwer beeindruckt von eurer Meinung und würde erkennen, wie wichtig diese Stärken sind und wie deine Werte das gesamte Arbeits- und Firmenumfeld positiv beeinflussen könnten. You're hired, Girl!

Zu Beginn meiner Karriere fühlte ich mich erfolgreich, wenn einer meiner Artikel gut geklickt wurde – eine nicht sehr nachhaltige Definition, wenn ihr mich fragt. Mein Fokus verschob sich immer mehr und ich feierte es als Erfolg, wenn mir zum Beispiel jemand eine DM schickte, in der er oder sie mir erklärte, dass meine Arbeit für ihn oder sie unterhaltsam, hilfreich oder inspirierend sei. Heute versuche ich immer noch, mein persönliches Erfolgsgefühl in manchen Momenten vom Außen loszulösen und mich so ganz selfcaremäßig zu fragen, was ich eigentlich möchte und anstrebe. Die bestmögliche Antwort, die ich darauf geben kann: Ich bin stolz, erste Schritte weg aus einer toxischen Arbeitskultur gemacht zu haben, die bei mir zu einem problematischen Selbstbild geführt hat. Und diese Schritte mit euch zu teilen. Wenn das kein Erfolg ist, dann weiß ich auch nicht.

## Die 7 besten Songs über Solidarität unter Frauen

»Hey Girl, we can make it easy if we lift each other, we don't have to keep on one-in' up another«: Wir müssen uns nicht ständig gegenseitig übertreffen, lass uns einander doch bestärken! Diese Botschaft verpacken Lady Gaga und die fabelhafte Florence Welch in ihrem gemeinsamen Song »Hey Girl«, der für mich den Inbegriff von weiblicher Solidarität verkörpert und mir jedes Mal ein Gefühl der Leichtigkeit und einen kleinen Hoffnungsschimmer gibt, dass wir es gemeinsam vielleicht doch schaffen können. Und ich weiß, ihr werdet es auch spüren.

Hey Girl – Lady Gaga & Florence Welch

I'm Every Woman – Chaka Khan

Rebel Girl – Bikini Kill

Independent Women Part I – Destiny's Child

Formation – Beyoncé

Q. U. E. E. N. – Janelle Monáe (feat. Erykah Badu)

Wannabe – Spice Girls

# EPILOG

Ich will ganz offen sein: Ich war in der Tat keine Feminist Icon, als ich meine Karriere gestartet habe – auch wenn ich selbst damals anderer Ansicht war. Ganz schön selbstgefällig. Und leider gab es da niemanden, der mir erklärt hat, dass der Weg, auf dem ich unterwegs bin, nicht der richtige für mich ist. Es war ein egoistischer Weg, ein unfeministischer, ungesunder.

Ich predige immer all meinen Friends, dass sie nicht so streng mit sich selbst sein sollen, wenn sie sich mal wieder im Negative Self Talk verlieren, und genau diesen Ratschlag sollte ich in diesem Fall auch an mir selbst anwenden. Leichter gesagt als getan, aber ich habe es in den letzten Jahren versucht. Ich habe versucht, mich selbst zu hinterfragen, mein Verhalten zu reflektieren und es irgendwie besser zu machen. Kein unsolidarisches Arschloch zu sein. Dass ich früher eine leidenschaftliche Einzelkämpferin war, an das Girlboss-Evangelium geglaubt habe, problematische Vorbilder wie die Kardashians abgefeiert habe, dachte, ich muss zum »besseren Mann« werden, um erfolgreich zu sein, ist rückblickend betrachtet ziemlich scheiße. Es ist aber auch menschlich. Denn immerhin – diesen Punkt muss ich mir zugestehen – habe ich noch früh genug die Kurve gekriegt. Anzuerkennen, dass die Ungerechtigkeiten, die du entweder selbst erlebt oder beobachtet hast, System haben, war eine beinahe schmerzhafte Erfahrung. Denn irgendwie war es immer leichter, die Schuld bei sich selbst oder den anderen Frauen zu suchen, anstatt weiterzudenken und das große Ganze zu betrachten.

Und genau dazu möchte ich die Leser*innen dieses Buches ermutigen. Ich verlange von niemandem, morgen eine feministische Revolution am Arbeitsmarkt anzuzetteln (aber dagegen habe ich natürlich auch nichts) und alles niederzubrennen (im übertragenen Sinne, keine Sorge). Aber vielleicht können wir gemeinsam damit beginnen, uns nicht länger zufriedenzugeben, uns nicht mehr mit Schuldzuweisungen abspeisen zu lassen, die uns dazu bringen, bis zum Burn-out an uns selbst zu arbeiten, während sich am bestehenden System wenig bis gar nichts ändert.

Denkt an eure eigene psychische und physische Gesundheit – nicht an diesen einen überflüssigen Task, von dem euer Chef will, dass ihr ihn ganz schnell und *ausnahmsweise* noch um 21 Uhr erledigt. Denkt an eure Kollegin, die damit struggelt, in Meetings zu sprechen, und supportet sie. Denkt an euren gleichgestellten Kollegen, der mehr verdient als ihr, und vereinbart mit diesem Gedanken direkt ein Gespräch bei eurer oder eurem Vorgesetzten. Lasst euch nicht von älteren

Kolleg*innen in die Snowflake-Schublade stecken, nur weil ihr Wert auf eine Work-Life-Balance legt und euer Job nicht den ultimativen Lebensmittelpunkt für euch darstellt. Und denkt an eure neue Praktikantin, die von alldem hier vielleicht noch gar nichts weiß. Schickt ihr einen empowernden Song oder ein Meme, von dem sie sich verstanden fühlt. Bietet ihr ein offenes Ohr an, sagt ihr, dass es wirklich nicht an ihr liegt, sondern am kapitalistischen System, dem Patriarchat und daran, was diese höllische Kombination aus uns macht, sofern wir nicht aktiv und vor allem gemeinsam dagegenhalten. Sie wird es euch danken – ich hätte es auch getan.

# Danksagung

Ich bin dankbar für all die Menschen, die mir auf die eine oder andere Art gezeigt haben, dass es die absolut richtige Entscheidung war, meinen Job hinzuschmeißen und dieses Buch zu schreiben.

Mein besonderer Dank gilt:

Meiner Mama. Danke, dass du dir immer Mühe gibst, mich zu verstehen, auch wenn wir manchmal wirklich jedes Boomer- und Millennial-Klischee erfüllen. Die Gewissheit, dass ich immer auf dich zählen kann, ist das Schönste überhaupt.

Resi. Danke dafür, dass du jedes noch so kleine Update zu diesem Projekt nicht nur ertragen, sondern mich bei jedem Schritt gehyped hast, als wäre ich Lady Gaga kurz vor der Veröffentlichung von »Chromatica«. Dank dir weiß ich, wie toll es ist, wenn sich Frauen ehrlich über die Erfolge von anderen Frauen freuen. Danke für die Inspiration zum Titel.

Sinah. Danke dafür, dass du mir immer wieder in Erinnerung rufst, was die Leute meinen, wenn sie von »Chosen Family« reden. Und dafür, dass du mich mit deinem Drive und deiner Durchsetzungsfähigkeit seit so vielen Jahren inspirierst – auch zu diesem Buch.

Franz. Dem Menschen, der meine Liebe zur Popkultur neu entfacht hat. Danke, dass du mir gezeigt hast, was Coolness wirklich bedeutet, und man kein Arschloch sein muss, um Erfolg im Leben zu haben. Vielleicht wäre ich ohne dich heute immer noch ein Girlboss.

Karina. Du bist die Kollegin, die ich jeder jungen Frau wünsche. Danke für deine No-Bullshit-Art, dein Rückgrat, deinen Support und deine Freundschaft – und deinen Humor, der jeden Tag im Großraumbüro erträglich macht.

Lisa Volpp von der Literaturagentur Copywrite. Deine wertschätzende Art und dein Vertrauen in mich und dieses Projekt haben mich mehr motiviert, als ein Beyoncé-Song es je tun könnte. Danke für alles.

Ilene Houben von Kiepenheuer & Witsch. Ich hätte mir keine coolere Partnerin in Crime für mein erstes Buch vorstellen können. Danke dafür, dass du dich in jeder Hinsicht so sehr für unsere Visionen eingesetzt hast.

# Glossar

**Capitalist Feminism** – nur scheinbar feministische Bestrebungen, die letzten Endes nicht mehr als eine Marketingstrategie zur Profitmaximierung darstellen.

**Cisgender** – jemand, der sich mit dem Geschlecht identifiziert, das ihm oder ihr bei der Geburt zugeschrieben wurde. Ein Mensch, der als Junge geboren wurde und sich als Mann identifiziert, ist ein Cis-Mann. Frauen, auf die dasselbe zutrifft, werden als Cis-Frauen bezeichnet.

**Clicktivism** – Online-Aktivismus wie zum Beispiel das Teilen eines antirassistischen Postings oder das Unterzeichnen einer digitalen Petition. Oftmals folgt dem meist oberflächlichen Clicktivism keine anderweitige Unterstützung gesellschaftspolitischer Anliegen.

**Empowerment** – Bestärken der Selbstbestimmtheit einer anderen Person, um sie zu selbstbewusstem Handeln und einem Gefühl der Selbstwirksamkeit anzuregen.

**Feminist Scammer** – Frauen, die unter dem Deckmantel des Feminismus betrügen, lügen und manchmal sogar zu Kriminellen werden. Da sie sich stark und selbstbewusst präsentieren, werden ihre Taten als emanzipiert und zielstrebig wahrgenommen.

**Gender Pay Gap** – die durchschnittliche Lohnlücke zwischen dem Bruttostundenlohn von Frauen und dem Bruttostundenlohn von Männern. Wird jährlich vom Weltwirtschaftsforum veröffentlicht.

**Girlboss-Feminismus** – steht eng in Verbindung mit dem Begriff des Capitalist Feminism und nutzt das Narrativ der starken, feministischen Karrierefrau für den Aufstieg und Erfolg einzelner.

**Gläserne Decke** – beschreibt das Phänomen, dass qualifizierte Frauen, aber beispielsweise auch People of Color oder Menschen mit Behinderung nur schwer in Führungspositionen aufsteigen und von einer sinnbildlichen Gläsernen Decke von einem Aufstieg abgehalten werden.

**Great Resignation** – die durch die Coronapandemie vorangetriebene Entwicklung, dass etwa seit Anfang des Jahres 2021 immer mehr junge Menschen, durch die globale Krise konfrontiert mit der Sinnlosigkeit der eigenen Lohnarbeit oder aufgrund von langfristiger Jobunzufriedenheit oder schlechter Bezahlung, ihre Jobs kündigen. Der Begriff wurde von Anthony Klotz geprägt.

**Hustle Culture** – die Verherrlichung von harter, unermüdlicher Arbeit und der Annahme, dass dadurch alle Ziele und Wünsche erreicht werden können. Damit einher geht oftmals die Vernachlässigung von anderen Lebensbereichen wie der mentalen Gesundheit, Beziehungen oder Freundschaften.

**Inkrementalismus** – ein Politikstil des »zurückhaltenden Reformierens«, im Rahmen dessen versucht wird, mit minimaler Anstrengung Veränderungen herbeizuführen. Der Girlboss-Feminismus gilt als inkrementalistisches Konzept.

**Intersektionalität** – beschreibt den Umstand, dass eine Person mehrere Formen der Diskriminierung gleichzeitig erleben kann und sich diese quasi überschneiden und einander verstärken können. So wird eine weiße, normschöne Cis-Frau sexistische Diskriminierung erleben – eine Woman of Color wird beispielsweise jedoch nicht nur für ihr Frausein, sondern auch für ihre Ethnie diskriminiert. Der intersektionale Feminismus legt seinen Fokus bewusst nicht ausschließlich auf weiße Frauen aus der Mittelschicht.

**Klassismus** – die Diskriminierung einer Person aufgrund ihres sozioökonomischen Hintergrundes. Richtet sich meist gegen armutsbetroffene Menschen oder solche, die von anderen als »ärmer« wahrgenommen werden.

**Male Gaze** – der »männliche Blick« prägt die Darstellung und Wahrnehmung der Welt und insbesondere von Frauen in unserer Gesellschaft, indem wir durch die Augen eines heterosexuellen Mannes darauf blicken. Der Begriff stammt aus der feministischen Filmtheorie, wird jedoch heute in verschiedenen Lebensbereichen angewandt.

**Manspreading** – der Umstand, dass Männer in öffentlichen Verkehrsmitteln oftmals breitbeinig sitzen und so selbstverständlich Platz beanspruchen, den andere eventuell benötigen, während Frauen oftmals vermittelt wird, sich unauffällig zu verhalten und sich kleinzumachen.

**Patriarchat** – wörtlich »Väterherrschaft«; ein System, das von Männern beherrscht wird und Normen vorgibt, wie zum Beispiel, dass Männer als »das starke Geschlecht« gelten und Frauen für Haushalt und Kinderbetreuung zuständig sind.

**People of Color** – eine Bezeichnung für Schwarze Menschen und Menschen mit Rassismuserfahrungen und laut Amnesty International eine »Alternative zu diskriminierenden Fremdbezeichnungen durch die weiße Mehrheitsgesellschaft«.

**Red Flag** – ein Warnsignal, das auf negative oder problematische Eigenschaften einer Person hindeuten kann.

**Schwarz und weiß** – beschreiben nicht bloß die Hautfarbe eines Menschen. Das ist der Grund, warum Schwarz in diesem Buch großgeschrieben wird: Weil es sich dabei um ein gesellschaftliches Konstrukt handelt, auf Basis dessen Menschen diskriminiert und abgewertet werden.

# Quellenverzeichnis


## It’s not you, it’s the patriarchy!

1 https://de.statista.com/statistik/daten/studie/3261/umfrage/gender-pay-gap-in-deutschland/

2 https://arbeitplus.at/wordpress/wp-content/uploads/2020/03/arbeit-plus-Themenpapier-Frauen-am-Erwerbsarbeitsmarkt.pdf

3 https://www.destatis.de/DE/Themen/Arbeit/Arbeitsmarkt/Qualitaet-Arbeit/Dimension-3/eltern-teilzeitarbeit.html

4 https://www.henrikkleven.com/uploads/3/7/3/1/37310663/klevenetal_aea-pp_2019.pdf

5 https://www.gew.de/aktuelles/detailseite/neues-messinstrument-fuer-faire-entlohnung

6 https://www.iwd.de/artikel/fachkraeftemangel-in-typischen-frauen-und-maennerberufen-besonders-stark-557102/

7 https://www.boeckler.de/de/boeckler-impuls-frauen-diskriminierung-vom-start-weg-3809.htm

8 https://www.zeit.de/arbeit/2018-06/gehaltsunterschiede-frauenberufe-loehne-gender-pay-gap

9 https://www.forbes.com/sites/andiekramer/2019/12/18/women-are-not-the-problem-workplaces-are/?sh=3f7dae001534

10 https://legacy.iza.org/en/webcontent/press/releases/IZAPress20101110MaleLeadershipDP5300.pdf

11 https://blogs.lse.ac.uk/businessreview/2022/03/08/against-systemic-gender-injustice-our-confidence-culture-encourages-women-to-blame-themselves/

12 https://info.kpmg.us/news-perspectives/people-culture/kpmg-study-finds-most-female-executives-experience-imposter-syndrome.html
13 https://link.springer.com/article/10.1007/s12144-998-1016-5
14 https://hbr.org/2021/02/stop-telling-women-they-have-imposter-syndrome
15 https://www.forbes.com/sites/lizelting/2022/03/22/in-dialogue-shani-orgad-and-rosalind-gill-on-women-in-the-workplace-and-confidence-culture/?sh=4e1af0583eb4
16 https://www3.weforum.org/docs/WEF_GGGR_2022.pdf
17 https://www.karriere.at/presse/umfrage-weltfrauentag
18 https://www.bundeskanzleramt.gv.at/agenda/frauen-und-gleichstellung/gleichstellung-am-arbeitsmarkt/frauen-in-fuehrungs-und-entscheidungspositionen/frauen-in-wirtschaftlichen-fuehrungspositionen.html
19 https://de.statista.com/statistik/daten/studie/180102/umfrage/frauenanteil-in-den-vorstaenden-der-200-groessten-deutschen-unternehmen/
20 https://arbeitplus.at/wordpress/wp-content/uploads/2020/03/arbeit-plus-Themenpapier-Frauen-am-Erwerbsarbeitsmarkt.pdf
21 https://wien.arbeiterkammer.at/service/studien/Frauen/Diskriminierungserfahrungen_von_Frauen.pdf
22 https://www.wiwo.de/erfolg/beruf/zwei-von-fuenf-frauen-betroffen-das-sexismus-problem-in-der-deutschen-wirtschaft-ist-groesser-als-vermutet/28427706.html
23 https://de.statista.com/statistik/daten/studie/1101682/umfrage/umfrage-in-der-eu-zur-verbesserung-der-gleichberechtigung-am-arbeitsplatz/

**I'm a Hustler, Baby**

24 https://www.buzzfeednews.com/article/annehelenpetersen/millennials-burnout-generation-debt-work
25 https://www.cnet.com/culture/hustle-culture-is-facing-an-existential-crisis-with-millennials/
26 https://www.focus.de/finanzen/news/die-mitarbeiter-sind-zufriedener-arbeitskraeftemangel-dieser-betrieb-kann-sich-vor-bewerbern-nicht-retten_id_141917870.html

27 https://www.businessinsider.de/wirtschaft/warum-das-jahr-2008-fuer-millennials-bis-heute-verheerende-folgen-hat-2018-8/
28 https://www.imf.org/external/pubs/ft/fandd/2017/06/pdf/fd0617.pdf
29 https://www.arbeiterkammer.at/interessenvertretung/arbeitundsoziales/bildung/AK-Chancen-Index/Bildungsgerechtigkeit_in_Zahlen.html
30 https://deutsches-schulportal.de/expertenstimmen/soziale-herkunft-studium-der-bildungsaufstieg-ist-grossartig-und-schrecklich-zugleich/
31 https://www2.deloitte.com/content/dam/Deloitte/at/Documents/human-capital/at-gen-z-millennial-survey-2022.pdf
32 https://www.thepurposepulse.com/2020

### OK, Boomer

33 https://heartbeat.peakon.com/reports/working-better-together/
34 https://www.manager-magazin.de/harvard/fuehrung/altersunterschiede-wie-generationen-in-unternehmen-zusammenarbeiten-a-f945dbe8-9cc2-446b-a482-c911976af699
35 https://blog.viking.de/studie-generationenkonflikt-am-arbeitsplatz/
36 https://www.rnd.de/beruf-und-bildung/boomer-und-gen-z-am-arbeitsplatz-so-klappt-es-zwischen-den-generationen-UMBI6L2PYU6VZ7QHZDQ3FKWRJA.html
37 https://www.forbes.com/sites/markcperna/2020/05/21/ok-boomer-ok-millennial-why-were-not-ok-at-work-together/
38 https://www.forbes.com/sites/nazbeheshti/2018/11/29/the-clash-of-the-baby-boomers-and-millennials-how-can-we-all-get-along/?sh=4f8029f2f9e2
39 https://www.randstad.com/workmonitor/
40 https://www.deloitte.com/content/dam/assets-shared/legacy/docs/about/2022/deloitte-2022-genz-millennial-survey.pdf
41 https://twitter.com/paulisci/status/1549527748950892544
42 https://www.forbes.com/sites/ibm/2015/03/12/new-study-may-surprise-you-about-how-millennials-work/?sh=7a22f8b452dd
43 https://frauen.dgb.de/++co++1cf24e90-5ffb-11e2-83b3-00188b4dc422
44 https://www.derstandard.at/story/2000139228039/frauen-gehen-leer-aus-finanzierungen-fuer-start-ups-weiterhin-dem
45 https://docs.iza.org/dp5999.pdf
46 https://warwick.ac.uk/fac/soc/economics/research/workingpapers/2016/twerp_1127_oswald.pdf

47 https://wiw-report.s3.amazonaws.com/Women_in_the_Workplace_2021.pdf

### Zeit, aufzugeben!

48 https://www.hrreview.co.uk/hr-news/great-resignation-sweeps-across-uk-job-market/137113
49 https://hbr.org/2021/09/who-is-driving-the-great-resignation
50 https://www.metlife.com/about-us/newsroom/2021/september/the-squeezed-middle--millennial-managers-worse-off-while-supporting-a-burnt-out-workforce/
51 https://www.politico.eu/article/good-news-labor-shortages-coronavirus-economic-recovery/
52 https://www2.deloitte.com/content/dam/Deloitte/at/Documents/human-capital/at-gen-z-millennial-survey-2022.pdf
53 https://twitter.com/colesucks/status/1465709458043006980?lang=eu
54 https://www.latimes.com/politics/story/2021-08-18/pandemic-pushes-moms-to-scale-back-or-quit-their-careers
55 https://www.derstandard.at/story/2000139109598/mit-vollzeitjob-vereinbare-kindergartenplaetze-gehen-zurueck
56 https://www.weforum.org/reports/global-gender-gap-report-2021/digest
57 https://www.deloitte.com/global/en/issues/work/women-at-work-global-outlook-2022.html
58 https://www.gallup.com/workplace/398306/quiet-quitting-real.aspx
59 https://hbr.org/2022/08/quiet-quitting-is-about-bad-bosses-not-bad-employees
60 https://hbr.org/2018/03/for-women-and-minorities-to-get-ahead-managers-must-assign-work-fairly
61 https://unwomen.de/intersektionaler-feminismus/
62 https://journals.sagepub.com/doi/abs/10.1177/1461444814568784
63 https://www.distractify.com/p/who-is-justme-rod-on-tiktok
64 https://www.businessinsider.com/millennials-tiktok-gen-z-great-resignation-recession-housing-savings-2022-7
65 https://www.vox.com/recode/22884040/more-americans-starting-own-business-entrepreneur
66 https://twitter.com/SeinKind/status/1562719099687673856
67 https://www.npr.org/2022/08/22/1118843708/a-look-at-quiet-quitting-and-whether-its-a-good-or-bad-thing

68 https://www.derstandard.at/story/2000138584563/300-000-offene-stellen-warum-steigen-loehne-und-gehaelter-nicht

## My anxiety is chronic but my performance at work is iconic

69 https://www.bundesgesundheitsministerium.de/themen/praevention/betriebliche-gesundheitsfoerderung/gesundheit-und-wohlbefinden-am-arbeitsplatz.html

70 https://www2.deloitte.com/content/dam/Deloitte/global/Documents/deloitte-2022-genz-millennial-mh-whitepaper.pdf

71 https://www.ncbi.nlm.nih.gov/pmc/articles/PMC2854624/

72 https://blog.zencare.co/trans-non-binary-mental-health/

73 https://www.mindsharepartners.org/mentalhealthatworkreport-2021

74 https://hbr.org/2016/08/why-women-feel-more-stress-at-work

75 https://www.axios.com/2021/05/13/the-gender-divide-remote-work-men-women-childcare

76 https://www.europarl.europa.eu/news/de/headlines/society/20220303STO24641/telearbeit-unbezahlte-betreuungsarbeit-und-psychische-gesundheit

77 https://onlinelibrary.wiley.com/doi/10.1111/j.1540-6210.2004.00373.x

78 https://www.wmagazine.com/story/exclusive-solange-knowles-in-conversation-with-tavi-gevinson-about-a-seat-at-the-table

79 https://thebaffler.com/war-of-nerves/laurie-penny-self-care

80 https://www.nytimes.com/2016/12/10/fashion/post-election-anxiety-self-care.html?_r=0

81 https://www.zeit.de/zett/politik/2021-10/svenja-graefen-radikale-selbstfuersorge-buch-selfcare-feminismus

## Was zur Hölle ist Empowerment?

82 https://psycnet.apa.org/doiLanding?doi=10.1037%2Fa0022676

83 https://www.psychologytoday.com/us/blog/why-music-moves-us/201501/can-the-right-music-make-you-feel-more-powerful

84 https://www.psychologytoday.com/us/blog/science-choice/202209/5-ways-music-can-empower-you

85 https://www.complex.com/music/2020/08/cardi-b-megan-thee-stallion-wap-essay

86 https://www.rollingstone.com/pro/news/guitars-are-getting-more-popular-so-why-do-we-think-theyre-dying-630446/

87 https://www.theatlantic.com/science/archive/2018/03/what-we-learn-from-50-years-of-asking-children-to-draw-scientists/556025/
88 https://journals.sagepub.com/doi/abs/10.1037/gpr0000059
89 https://womenpoliticscom.wordpress.com/2021/11/02/the-scully-effect-or-from-representation-to-realisation-the-role-media-can-have-in-encouraging-women-into-stem-fields/
90 https://hellogiggles.com/women-film-emotional-benefits/
91 https://www.sciencedaily.com/releases/2012/09/120918121257.htm
92 https://www.mckinsey.com/~/media/mckinsey/featured%20insights/diversity%20and%20inclusion/women%20in%20the%20workplace%202021/women-in-the-workplace-2021.pdf
93 https://www.forbes.com/sites/carolinecastrillon/2019/03/10/why-women-need-to-network-differently-than-men-to-get-ahead/?sh=46a7356ab0a1
94 https://www.zeit.de/arbeit/2019-07/frauennetzwerke-karriere-branche-kommunikation-vernetzung
95 https://www.researchgate.net/publication/328949789_Why_women_build_less_effective_networks_than_men_The_role_of_structural_exclusion_and_personal_hesitation
96 https://www.deutschlandfunkkultur.de/emotionsforschung-wer-wut-unterdrueckt-kann-depressiv-werden-100.html

## Working Girls: Diese Pop-Narrative prägen uns

97 https://9to5.org/9to5-the-song-the-movie-the-movement/
98 https://www.vulture.com/2021/06/read-britney-spears-full-conservatorship-testimony-transcript.html
99 https://www.complex.com/music/2020/05/beyonce-onlyfans-reference-savage-remix-reportedly-increased-sites-traffic
100 https://insight.kellogg.northwestern.edu/article/identify-with-the-villain

## Like a (Girl)boss

101 https://www.spectator.co.uk/article/spice-girls-back-sceptics-on-europe/
102 https://www.bpb.de/kurz-knapp/lexika/politiklexikon/17636/inkrementalismus/
103 https://www.urbandictionary.com/define.php?term=Capitalist%20Feminism

104 https://www.elle.com/culture/career-politics/a12716/nastygal-sophia-amorusa-girl-boss/
105 https://www.elle.com/culture/career-politics/a12716/nastygal-sophia-amorusa-girl-boss/
106 https://www.instagram.com/p/CBvvVyfnmd_/
107 https://psychology.umbc.edu/wp-content/uploads/sites/57/2016/10/White-Privilege_McIntosh-1989.pdf
108 https://www.thecut.com/2021/08/demise-of-the-girlboss.html
109 https://twitter.com/eggshellfriend/status/1556755083576180736

## Unsere Capitalist Queens

110 https://www.forbes.com/sites/marisadellatto/2022/03/28/kim-kardashians-widely-mocked-nobody-wants-to-work-comments-taken-out-of-context-she-says/?sh=267d102f407d
111 https://nypost.com/2022/04/12/woman-doubles-down-on-claims-she-was-broke-while-working-for-kardashian-apps/#
112 https://www.ncbi.nlm.nih.gov/pmc/articles/PMC3350713/
113 https://psycnet.apa.org/record/2016-15301-001
114 https://www.forbes.com/sites/estelleerasmus/2019/05/26/why-author-marissa-orr-leaned-out-instead-of-in-and-how-you-can-too/?sh=4633eaae80e2
115 https://www.bustle.com/politics/glossier-emily-weiss-profile
116 https://fortune.com/2020/06/08/female-founders-racism-reformation-refinery29-george-floyd-protests-blm/
117 https://www.welt.de/print/die_welt/wirtschaft/article200683054/Niemand-muss-auf-eine-Entschuldigung-warten.html
118 https://www.businessinsider.de/gruenderszene/food/inga-koster-true-fruits-portraet/
119 https://www.theguardian.com/commentisfree/2021/aug/07/rihanna-black-billionaires-working-class-people

## The Future is solidarisch!

120 https://phys.org/news/2017-06-gendered-workplace-conflict.html
121 https://books.google.at/books?id=z8thDwAAQBAJ&q=feminisnm&redir_esc=y#v=snippet&q=feminism&f=false
122 https://bfi.uchicago.edu/insight/research-summary/the-glass-ceiling-2/
123 https://www.economist.com/graphic-detail/glass-ceiling-index

124 https://wiw-report.s3.amazonaws.com/Women_in_the_Workplace_2022.pdf

125 https://www.eib.org/en/stories/investment-in-women-entrepreneurs#:~:text=Despite%20receiving%20less%20than%20half,particularly%20underrepresented%20in%20venture%20capital

126 https://www.urbandictionary.com/define.php?term=Success

127 https://www.forbes.com/sites/estelleerasmus/2019/05/26/why-author-marissa-orr-leaned-out-instead-of-in-and-how-you-can-too/?sh=4633eaae80e2

128 https://www.forbes.com/sites/margiewarrell/2018/09/21/redefine-success-through-service/?sh=99b5e9e6488f

129 https://www.sciencedirect.com/science/article/abs/pii/S0092656616300836

DER SUNDAY TIMES BESTSELLER
FRAUEN SCHULDEN DIR GAR NICHTS
FLORENCE GIVEN
KiWi